Verde Vale

VALE FÉRTIL

ESTUÁRIO ENCANTADOR

Catalogação na Fonte
Elaborado por: Josefina A. S. Guedes
Bibliotecária CRB 9/870

P436v
2025

Pereira Junior, José Zózimo
Verde vale vale fértil: estuário encantador / José Zózimo Pereira Junior. – 1. ed. – Curitiba: Appris: Artêra, 2025.
152 p. ; 21 cm.

Inclui bibliografia.
ISBN 978-65-250-7796-3

1 Estuários Iguape – Paranaguá (PR). 2. Litoral – Paraná.
3. Natureza. 4. Mata Atlântica. I. Título.

CDD – 333.9

Editora e Livraria Appris Ltda.
Av. Manoel Ribas, 2265 – Mercês
Curitiba/PR – CEP: 80810-002
Tel. (41) 3156 - 4731
www.editoraappris.com.br

Printed in Brazil
Impresso no Brasil

José Zózimo Pereira Junior

Verde Vale
VALE FÉRTIL
ESTUÁRIO ENCANTADOR

artêra
editorial
Curitiba, PR
2025

FICHA TÉCNICA

EDITORIAL	Augusto V. de A. Coelho Sara C. de Andrade Coelho
COMITÊ EDITORIAL	Ana El Achkar (Universo/RJ) Andréa Barbosa Gouveia (UFPR) Jacques de Lima Ferreira (UNOESC) Marília Andrade Torales Campos (UFPR) Patrícia L. Torres (PUCPR) Roberta Ecleide Kelly (NEPE) Toni Reis (UP)
CONSULTORES	Luiz Carlos Oliveira Maria Tereza R. Pahl Marli C. de Andrade
SUPERVISORA EDITORIAL	Renata C. Lopes
PRODUÇÃO EDITORIAL	Maria Eduarda Paiz
REVISÃO	José A. Ramos Junior
DIAGRAMAÇÃO	Amélia Lopes
CAPA	Eneo Lage
REVISÃO DE PROVA	Alice Ramos

AGRADECIMENTO EM MEMÓRIA

Aos céus elevo minha gratidão por meu pai, José Zózimo Pereira, cuja vida foi um farol de resiliência em meio às tempestades do cotidiano. Sua honestidade, uma virtude tão intrínseca a ele, e sua retidão, uma bússola moral que guiou todos os seus atos, nunca o permitiram vacilar diante dos desafios. Ele enfrentou cada obstáculo com uma força interior que só os verdadeiramente nobres possuem, sem jamais se curvar ao peso das dificuldades. Com uma determinação que parecia esculpir o futuro, ele trilhou seu caminho com passos seguros, sempre mirando o horizonte de seus objetivos com uma visão clara e um coração valente. Em sua memória, encontro não apenas um legado de conquistas, mas um exemplo de como viver com integridade e coragem. Que seu espírito continue a me guiar como o Sol guia o dia, em cada passo que dou na vida.

DEDICATÓRIA

À senhora Maria Mendes Pereira (in memoriam), mãe do autor, por ser uma pessoa com perspicácia do momento atual, podendo antecipar ações que trariam benefícios futuros. Vivia na maior simplicidade, mas sem, em momento algum, deixar de colocar em prática sua enorme capacidade de criar e se reinventar. Não esperava que lhe viessem ensinar algo; bastava a sua observação. Em breve, a sua imaginação já apresentaria algo de notório, elaborado com esmero. Diria tratar-se de um dom, sim, poderia ser, mas surpreendia a sua habilidade contando com tão parcos recursos para a sua execução. O seu dinamismo e organização permitiam que sempre houvesse um espaço para se dedicar ao ensinamento dos filhos, com clareza, honestidade e firmeza, podendo acreditar que esse seria o caminho seguro para um bom caráter. Acreditava que a educação que poderia levá-los a bons lugares. Por tudo isso, tenho excelentes recordações, um grande respeito e admiração, devendo a ela tudo que sou.

APRESENTAÇÃO

Este livro tem por finalidade principal trazer informações sobre o Estuário Iguape/Paranaguá, localizado ao sul da Região Leste e ao leste da Região Sul do Brasil. A proposta foi apresentar o argumento numa linguagem simples, direta e cronológica para melhor compreensão, deixando de lado suposições como o Marco de Tordesilhas, pois há muitos anos a sua localização está consolidada que é Laguna/SC. Se, por engano, falou-se estar essa linha imaginária na Ilha do Cardoso em Cananéia, essa dúvida não mais existe.

Por ser uma região cuja história está inteiramente ligada à colonização do Brasil, tem em Cananéia o seu primeiro povoado; iniciando ali a primeira estrada de rodagem do Brasil, a SP 193 (Estrada do Canha); as primeiras explorações de ouro do Brasil; partindo de Cananéia a primeira expedição brasileira em busca da trilha do Peabiru; instalada em Iguape a primeira casa de fundição de ouro do Brasil e, consequentemente, a primeira quintagem do ouro, e mais tarde, em Paranaguá, também se procedia a fundição e quintagem. Instalados em Cananéia os primeiros estaleiros para construção de barcos do país. Partindo de Cananéia a primeira embarcação construída no Brasil a atravessar o Oceano Atlântico aportando em Lisboa. Tudo isso, para mim, se tornou a maior motivação para pesquisar e finalmente divulgar tantas belezas, pureza do ambiente, tradições, preservação, folclore, culinária e a história que, sem sombra de dúvida, nos leva a acreditar ser Cananéia o primeiro povoado do Brasil, tendo o seu início em 1502.

Esse estuário é detentor de uma biodiversidade riquíssima, e, da abundância e variedade de sua flora e fauna, delas pouco há conhecimento e divulgação.

Dos poucos que dele falaram e enalteceram suas qualidades, cito Joshua Slocum, navegador canadense, naturalizado norte-americano, que permaneceu no estuário desde outubro de 1885 até dezembro de 1887, quando partiu com seu navio *Aquidneck*, de 326 toneladas. Porém, logo ao sair da Barra de Paranaguá, foi arrastado pelo vento até a Barra do Superagui, onde naufragou. Nova permanência forçada, nesse estuário nas proximidades de Guaraqueçaba. Depois, obteve madeiras com as quais construiu seu barco, apelidado por ele de canoa, que o batizou de *Liberdade* e com o qual pode retornar com sua família aos Estados Unidos no dia 24 de junho de 1888.

Referindo-se às madeiras encontradas nesse estuário, afirmava que, para pronunciar seus nomes, era questão de ginástica na língua, pois quase lhe dava um nó, mal sabia ele que todas tinham nomenclatura tupi, tais como guanandi, maçaranduba, nhunguvira, candapuva, urucurana, jacarandá etc.

Trata-se da região de mata atlântica da qual pouco se comenta, mesmo sendo ela considerada a maior extensão contínua desse bioma no Brasil, um dos maiores berçários de vida aquática, fauna e flora e um dos mais preservados do planeta, tendo sido reconhecida pela Unesco em 1989 como Patrimônio Natural da Humanidade.

Não se pode negar que para reunir os fatos históricos desse estuário a tarefa é árdua, pois os dados são encontrados de forma esparsas, em muitos lugares e muitos livros, por essa razão tentarei concentrá-los em um só volume, com fatos, dados e fotos que poderão melhor ilustrar e esclarecer aquilo que pretendo mostrar.

Devo lembrar que na época do descobrimento do Brasil e sua colonização, em toda extensão de 8 mil quilômetros do litoral, a língua falada era tupi, portanto, os acidentes geográficos, animais, vegetais, minerais e peixes, quando não grafados em português, são grafados em tupi, ressaltando que muitas vezes grafou-se por corruptela da língua de forma incorreta, o que assim permanecerá. Toda vez que esses termos de origem tupi aparecerem, farei a sua tradução na medida do possível.

PREFÁCIO

Este livro é uma porta de entrada para um dos tesouros naturais e históricos menos conhecidos do Brasil: o Estuário Iguape/Paranaguá, situado no sul da região leste e ao leste da Região Sul do nosso país. Nosso objetivo aqui é oferecer uma visão clara, direta e cronológica sobre este local, desmistificando antigos equívocos como a localização do Marco de Tordesilhas, comprovadamente estabelecido em Laguna/SC, e não na Ilha do Cardoso em Cananéia.

Cananéia não é apenas um nome na história do Brasil; é o berço do primeiro povoado brasileiro, datado de 1502. Este livro busca explorar a rica tapeçaria de eventos que se desenrolaram a partir deste ponto. Da primeira estrada de terra, a SP 193, às primeiras explorações de ouro, passando pela construção dos primeiros estaleiros e pela primeira embarcação brasileira a cruzar o Atlântico em direção a Lisboa, Cananéia é um ponto de partida para muitas primeiras vezes na história do nosso país. Iguape e Paranaguá também têm seus marcos históricos, com a fundição e quintagem de ouro, que testemunham a importância econômica destas áreas na formação do Brasil.

A biodiversidade do estuário é outro aspecto fascinante que este livro se propõe a desvendar. Com uma flora e fauna quase inexploradas e pouco documentadas, este lugar é um santuário de espécies que merecem ser conhecidas e preservadas. A história de Joshua Slocum, que encontrou neste lugar tanto desafios quanto inspiração, é um testemunho da força e da beleza desta região. A construção de seu barco "Liberdade" a partir das madeiras locais, com nomes que desafiam a pronúncia, como guanandi e jacarandá, é um episódio que nos lembra da riqueza natural e cultural deste estuário.

Este livro é, portanto, uma homenagem à pureza do ambiente, às tradições, à culinária, ao folclore e à história que fazem do Estuário Iguape/Paranaguá um lugar único no mundo. Espero que, ao virar cada página, você desfrute tanto da leitura quanto eu desfrutei da pesquisa e da escrita deste trabalho.

Abraços,

José Zózimo Pereira Junior

SUMÁRIO

Capítulo I

PRIVILÉGIO

Estamos diante de uma região de floresta ombrófila densa, composta de dunas, restingas, montanhas, sambaquis, florestas de matas fechadas, manguezais, este composto de três espécies: manso ou branco (*Laguncularia racemosa*); candapuva ou vermelho (*Rhizophora mangle*) e ciriuba ou preto (*Avicennia schaueriana*), e uma faixa de areia branca, extensa e úmida separando o manguezal da mata, denominada guapicu, sendo ali encontrado o guaiamu (*Cardisoma guanhumi*), com sua enorme envergadura e coloração azul. O manguezal é um ambiente onde a vida é exuberante, pois é ali o berçário para várias espécies, como o caranguejo-uçá, que irão ter todas as suas fases da vida nesse ambiente, e outras espécies que completarão seu ciclo vital em outros pontos do estuário e até no oceano, como é o caso do camarão-branco. Devido à infinidade de rios, lagos, ilhas, enseadas, baias, barras, montanhas, cachoeiras preservadas, o ambiente é ímpar e tanto nos atrai e encanta.

Riqueza, beleza e pureza proporcionadas a quem com ela se depara nos remetem ao que já tivemos em toda a costa no início da colonização deste país, pois na extensão dos oito mil quilômetros de costa era isso que se encontrava.

Atualmente, somente neste estuário podemos encontrar a maior faixa contínua desse bioma no Brasil. Daí caber aos moradores e visitantes o privilégio de poderem desfrutar de uma floresta exuberante, onde facilmente encontram ipê-amarelo, canela-preta, canela-amarela, canela-sassafrás, caixeta-branca, caixeta-vermelha, figueira, jacarandá, tapiá, guanandi-branco, guanandi-vermelho, pau-ferro, guanandi-cedro, jacatirão-branco, saboeiro, jacatirão-roxo, guapiruvu, caroba (mata--marga), caroba-vermelha, umbaúba-branca, umbaúba-vermelha, grumixama, jacatirão-do-brejo, gracuí, uvaia, caquera, maricá, guabiroba, cambucá, copiuva, cedro, peroba (amargo), peroba-rosa, candapuva, ciriuva, nhumirim (pequeno), guatambu, cauna, bocuva, vapirixica, vaporunga, murta-branca, murta-vermelha, muxita, camarinha, ingá, cauninha, olho-de-cabra, papa-guela, guruguva, taquara-mirim, taquaruçu (grande), ingá-mico, ingá-macaco, ingá-banana, ingá-feijão, batatá, xaxim, canema, timbuva, bacupari, pindaíba, capororoca, pitaguará, capororocuçu (grande), nhunguvira, limão-bravo, urucurana, maçaranduba, manguerana, utinga, majuruvoca, cuvatam, vamirim, tabocuva, sucupira, cataia (ardente), araçá, araçá-piranga (vermelho), araçá-peva (achatado), guairana, arapaçu, guapê, jatobá, guacá, carvalho, cambuí, aroeira, viruçu, jerivá, indaiá, guamiova (amargo), guaricana, tucum, brejauva, juçara, além de uma infinidade de bromélias e orquídeas.

Quanto à **cataia** (mata que arde), vale lembrar que a sua utilização como chá é muito apreciado e vem desde o início do povoamento, hábito adquirido dos nativos. Mas nada supera a sua utilização como bebida destilada, quando suas folhas secas são mantidas em aguardente e uma colher de chá de mel por aproximadamente um mês, momento em que se retiram as folhas e côa-se o líquido. O resultado é uma bebida na cor de whisky com agradável sabor, daí o apelido de *whisky caiçara*.

Da mesma forma está presente uma gama infindável de ervas das quais muitas são medicinais, tais como guaçatonga, calêndula, erva-cidreira, ananás-nativo, erva-de-Santa-Maria, erva-de-bicho, saião, sabugueiro, nhopecanga, quebra-pedra, cambará-branco, cambará--preto, tanchagem, chapéu-de-couro, carqueja, melissa, cipó-chumbo, cipó-caboclo, assa-peixe, cipó-milome, caninha-do-brejo, caparosa, picão, sapé, cacto, capim-sidró, babosa, malva, agrião, arruda, losna, alecrim, ananás-de-raposa, erva-de-anta, erva-de-queixada, cavalinha, jabotitana, jervão, alecrim, taioba, poejo, guaco, urtiga, arnica, sete-sangrias, baleeiro, capiá, tabaco-de-saci, banana-flor, timbuvinha e muito mais.

Para quem tem o dom do artesanato, o material ofertado por esse bioma é farto, indo da argila às fibras diversas como cipó-imbé, cipó-timbopeva, taboa, junco, peri, criciúma, umbaúba, uvira, taquara, brejauva, indaiá, brejaúva-mirim, guamiova, guaricana (está muito empregada na cobertura de quiosques e galpões), e ainda aqueles materiais utilizados na composição de arranjos florais como as diversas samambaias e uma infinidade de bromélias e orquídeas.

Há outros vegetais cujas raízes ou rizomas, como araruta e guaná, eram utilizados pelos indígenas tanto na culinária como na composição de remédios. Como alimento, o mais importante é a mandioca, cuja utilização na culinária vem de longa data entre os nativos, podendo seu consumo ser assado, cozido ou na forma de farinhas de diversas granulações; farinha d'água, amido, beijus, bolos, mandiquera, (mandioca apodrecida) como bebida fermentada.

Como bebida fermentada, utilizava-se também o milho, em cujo preparo empregava-se a mastigação dos grãos que, após a fermentação, transformava-se em bebida conhecida por cauim.

Vários tubérculos como os carás e inhames eram consumidos pelos nossos ancestrais e até hoje são muito apreciados pelos estuarinos. São variedades tais como cará-de-espinho, cará-mirim, cará-guaçu, cará-pipá, cará-ovo, cará-do-santo, e as diversas batatas-doces.

Quando o artesão dedica sua arte a confecção de instrumentos musicais, tem à sua mão a caixeta, que por sua maleabilidade, flexibilidade e leveza, outrora com ela eram confeccionadas a rabeca, o adufe (pandeiro), o bumbo, a viola, e o tamanco, este composto com couro e uma madeira mais dura incrustada sob o salto para dar a percussão no assoalho, quando assim a dança o exigia; instrumentos fundamentais para a prática do fandango, tradição no estuário e também na festa do Divino Espírito Santo. Deve-se ressaltar o olhar atento do artesão e seu profundo conhecimento da natureza, pois o polimento dos instrumentos musicais bem como os utensílios eram obtidos com lixa proveniente da pele de tubarão, e a cola para aquelas peças delicadas obtinha-se da raspa da orquídea-sumaré após aquecimento ao fogo. Essa orquídea pode ser encontrada em abundância nos cômoros à beira das praias e também em matas de baixa estatura como as camarinhas. Considerando a caixeta, a principal matéria-prima do artesanato ligado ao folclore, não havia qualquer dificuldade para obtê-la, pois somente no Vale do Ribeira foram catalogados 76 caixetais. Essa madeira empregada em diversas utilidades foi também muito utilizada quando da expansão das linhas ferroviárias na Região Sudeste do país. Por ter origem em charcos, a sua durabilidade em contato com a terra é muito longa, daí ter sido usada na confecção de dormentes sobre os quais são instalados os trilhos das ferrovias. Outra madeira utilizada na confecção de diversos objetos empregados na cozinha por sua leveza e facilidade no manuseio é a caroba-branca, abundante no estuário.

Falando nessa arte passada de geração para geração, em certos momentos nos deparamos com objetos que chegam a nos confundir, tratar-se de decoração ou instrumentos de sobrevivência? São peças utilizadas no dia a dia na cozinha como panelas de barro, moringas, jarras, copos, pratos, canecas, cuscuzeiros, torradores.

Ainda na cozinha aqueles instrumentos confeccionados de madeira, tais como colheres, escumadeiras, conchas, garfos, suportes para panelas, eram obtidos de madeira mole e leve como a caroba e caixeta. Com as madeiras de maior densidade e resistência como a brejaúva, ou a canela na feitura de pilões, bem como ipê com que se faz a mão do pilão, empregados para beneficiamento de amendoim, café, milho, arroz ou mesmo para preparo de alguns pratos como a paçoca, que pode ser feita com diversos ingredientes, sendo o mais apreciado a carne seca. Do milho obtinha-se a quirera para alimentar as aves recém-nascidas. Uma iguaria de sabor inconfundível também feita no pilão é o jabacuí (pó amarelo), após torrar os grãos no ponto certo, iniciava-se o esmagamento no pilão, que deve ser coado diversas vezes até se obter o pó amarelo finíssimo, cuja degustação exige certo cuidado, pois ao aproximar da boca numa falha na respiração pode provocar engasgamento.

Quando na confecção se utilizam fibras, os objetos são usados na pescaria (covos), como samburás, cercos, peneiras, juquiás, cestos, jacás, balaios (viveiros para iscas).

Na lida do campo, no transporte em balaios dos produtos e depois na fabricação de farinhas, beijus, cuscuz, bolos e demais iguarias, se emprega o tipiti na extração do líquido da mandioca; não deixando de apresentar as peneiras de diversas granulações necessárias no manuseio de feijão, café, arroz, farinha, polvilho.

As fibras como junco e criciúma têm sua utilização também na confecção de chapéus que o estuarino utiliza no dia a dia para se proteger do sol.

O peri é outra fibra que tanto é utilizado em forma de esteira para embalar certos produtos agrícolas, como a banana, como também para forrar cama.

O cipó-imbé foi muito utilizado na confecção de longos cabos com os quais eram puxadas as redes de arrasto, somente caindo em desuso com o aparecimento dos cabos de materiais sintéticos, mais leves e mais resistentes.

Os cercos eram muito utilizados na captura de diversos peixes, principalmente a tainha no inverno. São confeccionados utilizando-se madeiras para a sua estrutura e uma tela tecida de taquara. Esses materiais em contato com a água têm durabilidade de aproximadamente quatro meses, quando então começam a se decompor. Na língua tupi, esse amontoado de palhas e madeiras dá-se o nome de tajuara e, por coincidir com a primavera, momento de reprodução de muitas espécies, servirá como berçário para seus alevinos. Peixes como robalos são atraídos pelos alevinos, portanto no entorno de um cerco em decomposição a chance de um pescador capturá-lo é grande.

A vida do caiçara sempre esteve em harmonia com a natureza, sendo todos os materiais empregados na confecção de canoas, remos, redes de pesca, sabiamente obtido dela, no momento certo, na lua certa. Os pesos para levar a rede ao fundo eram confeccionados em argila, enquanto que para suspendê-la usavam-se boias obtidas das raízes do araticum. Quanto aos cabos para puxar as redes, eles eram obtidos da casca de cipó-imbé, conforme comentado, que, após a separação do miolo, torciam-se, juntando-se o tanto de fibras necessárias para se obter um maior ou menor diâmetro.

Tucum, palmeira de pequeno porte, dela além do fruto se extrai das folhas fibra de alta resistência com as quais os nossos ancestrais produziam as cordas dos seus arcos e redes de pesca. Até os anos de 1920, com essa fibra produziam-se as linhas de pesca, que aos poucos foram sendo substituídas por outros materiais. Os primeiros fios industrializados utilizados na confecção de redes e linha de pesca não tinham a resistência nem a firmeza dos atuais, e para melhorar sua eficiência novamente buscava-se na natureza a tintura obtida com o cozimento da casca de jacatirão-roxo, que lhe proporcionava maior rigidez.

Diante dessa utilização do artesanato ora no cotidiano do estuarino, ora na exposição para comércio, é que podemos concluir que, dependendo do olhar de cada indivíduo, a confusão estará estabelecida.

Um pilão poderá muito bem servir como decoração de uma varanda ou nele se obter simplesmente uma boa paçoca, ou o pó de café; aquele covo ser utilizado por sua beleza e arte em sua confecção como um abajur ou simplesmente enfeitar uma varanda, ou ser devidamente colocado em um rio no seu sítio proporcionando uma boa pescaria.

Estando a Serra do Mar acompanhando todo o estuário numa proximidade pequena do oceano, faz com que a umidade proveniente dele se depare com um verdadeiro paredão de montanhas, provocando a precipitação da chuva e tornando o estuário um dos índices pluviométricos mais altos do mundo. Fato observado em 1531 e narrado no diário de bordo do irmão de Martim Afonso de Souza, Pero Lopes de Souza, no qual afirma: "passamos 40 dias sem ver o sol, pois chovia copiosamente e ventava muito". Outro que mencionou o fenômeno meteorológico foi o Comandante Diego de Sanabria, que em 1547, quando por pouco naufragara na barra do Superagui, afirmou que em todas suas navegações não encontrara mau tempo e ventos tão rijos como estes daqui.

Dessas chuvas que duram semanas vem o abastecimento das inúmeras nascentes, cachoeiras e rios que carreiam nutrientes e sedimentos inicialmente para o estuário e em seguida para o oceano, o que, na mistura com a água salobra e após água salgada, propicia as condições ideais para procriação e desenvolvimento de inúmeras espécies de peixes de água doce como: lambaris, jundiás, guaru, picopeva, tajibocu, duiá, acará, tuvira, mandi-pintado, joaninha, traíra, mandi-tinga, jacundá, aniá, trairuçu, cascudo, saguairu, corimbatá, além de alguns crustáceos como o camarão-pitu e lagosta de água doce.

Já na água salgada, encontrando condições favoráveis à reprodução, várias espécies marinhas adentram pelas barras com essa finalidade, em épocas propícias, como a tainha e sardinha no período do inverno; bagres, anchovas, parati-guaçu (grande), parati-pema (mole), sororocas, corvinas, parus, espadas, baiacu-guará (baiacu-bandeira), baiacu-pinima, e muitas outras espécies na primavera.

O Rio Ribeira de Iguape é o maior produtor de manjuba que se tem conhecimento. Peixe minúsculo que se adapta facilmente em águas doces e salgadas, porém é mais encontrado nas condições de salobra. Pode ser consumido fresco ou seco ou compondo alguns dos pratos caiçaras como o cuscuz e a moqueca.

São diversos os crustáceos como o caranguejo, siris, Tonica (Maria farinha), guaiás, marinheiro, bem como o camarão-branco, que no mês de janeiro está em desenvolvimento e ao atingir tamanho comercial entre fevereiro e março começa a procurar os canais mais profundos e se direciona para o oceano, onde completará seu ciclo vital, com data marcada para retornar no ano seguinte ao estuário.

Quanto ao camarão-ferro, este é endêmico, tem reprodução, desenvolvimento e habitat permanentes no estuário, podendo ser encontrado o ano inteiro.

A gama de mariscos do estuário é vasta, uns são exclusivos das águas salgadas como mexilhões que são encontrados em costões rochosos, as vieiras, sernambi, pegoavas, podendo ser encontrados em praias de oceano; e os berbigões e tariobas, que preferem águas menos salgadas, podendo ser encontrados em baixios ou bancos de areia próximo às barras.

Exclusivamente em águas salobras e com a presença de mangues se encontram com facilidade os sururus, ostras, ameijoas, bacucus.

Diante desse banquete tão diversificado e saboroso, aparecem os apreciadores para saboreá-los; são os guaxinins e os pássaros tais como Martim-pescador, gaivotas, fragatas, biguás, pato-selvagem, saracuras, jaçanã, frango-d'água, socos, trinta-réis, mergulhões, garças de vários tamanhos e cores, os colhereiros e o guará-piranga (vermelho), que vem em busca do caranguejo que contém caroteno, que além de lhes proporcionar o alimento, é responsável pelo colorido rosa nos colhereiros e rubro intenso nos guarás que em bandos colorem o céu e os manguezais em revoadas. Entre as diversas aves pernaltas do Estuário, merecem destaques duas espécies que nos fazem crer vieram para ficar: os tapicurus e as curicacas, que são encontradas até mesmo em áreas urbanas.

A fauna desse estuário é de fazer inveja a qualquer outro, pois nele estão presentes animais que em muitos ecossistemas já foram extintos, tais como a anta, jaguatirica, suçuarana, onça-pintada, onça-preta, anta-albina, lontra, guaxinim, ouriço, ariranha, maracajá, guaraxaim, tatu-peba, tatu-bola, tatu-mirim, tatu-guaçu, tamanduá, veado-campeiro, gambá, macaco-prego, mono-carvoeiro, mico-estrela, sagui, bugio, quatis, cotia, paca, cateto, queixada, preguiça, muriqui, capivara, lagartos, esquilos, jabuti, cágado, irara, jacaré-de-papo--amarelo, caimão, lontra, jararaca, cobra-coral, jararacuçu, caninana, cobra-d'água, cobra-cipó, bairu, cobra-vidro, sapos, pererecas e rãs.

De todos esses animais, há uma espécie digna de observação e admiração pela sua beleza e raridade, pois livre na natureza o único local do mundo onde poderá ser encontrado é nesse estuário e com mais frequência na Ilha de Superagui, trata-se do mico-leão--dourado-da-cara-preta. Muitos desses animais foram marcados e chipados, podendo ser encontrados em bandos, mediante sinais de rádio monitorados por guias.

Os pássaros da mata atlântica desfilam diante dos nossos olhos: sabiá-laranjeira, sabiá-gata, sabiá-una (preta), sabiá-branca, sabiá-cica, sabiá-coleira, surucuá-vermelho, surucuá-amarelo, tié-pardo, tié-sangue, tié-preto, tié-de-Mato-Grosso, canário-amarelo, coleirinha, sanhaço, sanhoçu (grande), gaturamo, rendeira, tangará, tangará-dançarino, bonito-pardo, bonito-preto, saí-andorinha, saí-verde, saí-azul, saí-de-sete-cores, curió, trinca-ferro, araponga-branca, araponga-parda, pomba-caçurova (amarga), pomba-branca, pintassilgo, juriti, rola-branca, rola-vermelha, bico-de-lacre, quero-quero, noivinha, passarinho-de-São-João, passarinho-de-Santo-Antonio, araçaripoca (tucano que estala), gralha-azul, juruva, alma-de-gato, anu-branco, anu-preto, tucanos, soco-diabo, soco-galinha, soco-boi, martim-pescador, viuvinha, toqueiro, caracachá, trinta-réis, gaivotas, saracura, carcará, fragatas, urubu, urubu-rei, andorinhas, gorão, juruviara, guaracava, cambacica, cambacica-do-mangue, saí-do-mangue, araponguinha, beija-flores, japuíra, franguinha-do-mato, João-de-barro, carapinhé, corruíra, corruiruçu (grande), urutau, corujas, gaviões, graúna (pássaro preto), talhamar, batuíra, batuiruçu (grande), bem-te-vi, siriri, frango-d'água, garça-branca, garça-azul, jaçanã, jacu-tinga (claro), jacu-piranga (vermelho), jacu-pema (mole), jacu-caca, jacu-guaçu (grande), biguá, biguá-tinga (claro), uru, pato-selvagem, joô, pavão, macuco, inhambu, pica-pau-velha, pica-pau-do-mangue, pica-pau-sarro, pica-pau-vermelho, ferreirinho, tico-tico.

A família dos psitacídeos nesse estuário é composta de maritaca, periquito, tuim, periquito-grego, tiriba e destaque para o papagaio-da-cara-roxa, este endêmico do estuário, podendo ser encontrado em pontos específicos como nas matas de Pariquera Açu, fazendo seu pernoite na Ilha Comprida; na cidade de Cananéia, onde ao entardecer centenas deles aos pares dirigem-se ao bairro Brocuanha, ocupando os guanandis onde pernoitam e ao amanhecer retornam ao continente. Outro ponto onde poderão ser vistos é na Vila de Ararapira, tendo dado origem à composição desse nome que em tupi significa papagaios e peixes. A mais expressiva reunião dessas aves é a ilha do Pinheirinho, na Baia dos Pinheiros, onde virou atração turística, suas vindas para repouso em grandes revoadas e no dia seguinte ao amanhecer, da mesma forma seu retorno para o continente, onde buscam alimentos e nidificam.

As espécies marinhas que povoam esse estuário são tantas que tornam o ambiente perfeito para os amantes da pesca esportiva, entre essas espécies destaque para o robalo-flecha e o robalo-peba (achatado). Mas ao lançar-se o anzol ou a rede na água muita surpresa estará por vir: corvina, amboré-rajado, amboré-preto, pescada-branca, pescada-amarela, pescada-jaguara, pescada-olhuda, pescada-cambocu (cabeça comprida), pescada-membeca (mole), pescada-perna-de-moça, xaréu, anchova, calafate, sororoca, timbocu (bico comprido), espada, acará, caranha (acará-dentuço), baiacu-pinima, baiacu-de-espinho, baiacu-guará, pampano, salteira, carapau, porquinho, cocoroca, oveva, mero, prejereba, carapicu (acará-comprido), miraguaia, caratinga (acará-branco), carapeva (acará achatado), linguado, garoupa, cherne, congo, galo, manjuba, badejo, bagre-branco, sari-sari, bagre-baleeiro, peixe-agulha, peixe-rei, pararê, parati-puá, parati-pema (mole), parati-guaçu (grande), parati-chorão, marta, bagre-urutu, bagre-amarelo, parambiju, cangatá, arraia-manteiga, arraia-ticonha, arraia-jamanta, arraia-chita, arraia-jereva (achatada), betara, cação-anjo, cação-viola, cação-martelo, cação-cambeva (cabeça achatada), sargo-de-beiço, sargo-de-dente, salema, saguá, paraipi, tainha, xingó, sardinha, corte-de-faca, marimbá, pirajica, paru, peixe-frade etc.

Devido à pureza das águas e à variedade de espécies à disposição do boto-cinza, este se prolifera com facilidade, sendo possível encontrá-los em todo estuário. Quando estão em busca de alimentos, em grupos encurralam os cardumes de tainhas e paratis à beira dos canais, resultando em um belo espetáculo cujos coadjuvantes garças e o socó-boi, com sua postura elegante do alto de um metro e quarenta, se aproximam para beneficiarem-se dos peixes que nas investidas são atirados na praia ou na lama. Os botos se mostram aos visitantes em cardumes sucessivos, fazendo suas acrobacias em busca desses alimentos, ao ponto de ter sido atribuído à baia de Trapandé em Cananéia um novo apelido, "Baia dos Golfinhos".

Capítulo II

RIOS QUE DESÁGUAM NESTE ESTUÁRIO

São muitos os rios que formam esse estuário, porém, darei destaque ao **Rio Ribeira de Iguape**, pelo volume de água, pela sua extensão, pois é o mais caudaloso do Vale do Ribeira, e pela sua importância histórica, pois foi por ele que adentraram as primeiras expedições exploradoras de ouro do Brasil. Assim, obteve-se êxito na exploração do médio e alto Ribeira e seus afluentes, e por consequência a fundação das primeiras cidades em suas margens: Eldorado, Iporanga, Apiaí, Iguape, Registro, Sete Barras, Alto Ribeira, Juquiá e outras.

Primeiramente, foi explorado ouro no Rio das Minas em Cananéia. Posteriormente, passou-se a explorar com maior sucesso no leito do Rio Ribeira e daí a necessidade de fundir-se. Assim, em 1630, fora instalada na cidade que lhe empresta o nome Iguape a primeira casa de fundição desse metal no Brasil.

O ouro extraído no Alto Ribeira e que transportado em canoas seria fundido em Iguape, onde também se procederia a quintagem destinada a Coroa Portuguesa, teria que ter um controle. Para isso foi escolhido em um ponto estratégico já no Baixo Ribeira, para fiscalizar e proceder à pesagem, à conferência e ao **registro** do ouro que prosseguiria para a fundição, com o objetivo de não haver desvio antes que o minério chegasse a Iguape. Nesse ponto do Rio Ribeira se desenvolveu a maior cidade do Vale do Ribeira, que tem o nome de **Registro**.

Mais tarde, quando já esgotado o ouro, e com a descoberta de novas e mais promissoras jazidas em outros estados, o Rio Ribeira passou a ser o meio de transportes para outras riquezas, agora provenientes da exploração agrícola, inicialmente o arroz, posteriormente erva-mate e banana.

Durante o período de grande produção de arroz, havia a necessidade de encurtamento da distância para se chegar ao porto de Iguape. Para atingir esse objetivo, foi construído um canal de quatro quilômetros de comprimento por 4,40 metros de largura, denominado "Valo Grande". Com o passar do tempo, a erosão se incumbiu de alargar suas margens, transformando Iguape em uma ilha artificial.

A banana transportada pelo Rio Ribeira tinha como destino final Uruguai e Argentina, para isso esse produto agrícola era armazenado em grandes chatas atreladas a um rebocador que as puxava por parte do Rio Ribeira, depois pelo mar pequeno até Cananéia e dali seguia pela Baia de Trapandé, Mar de Ararapira, Canal do Varadouro, Baia dos Pinheiros, Baia de Paranaguá e finalmente ao porto de Paranaguá, onde o carregamento era transferido para navios e seguia viagem até os dois vizinhos ao sul.

Outros rios que deságuam no estuário são: Rio dos Correias, Rio das Minas, Rio Real, Rio Aratu, Rio Batatal, Rio Jardim, Rio dos Almeidas, Rio Buguaçu, Rio do Nóbrega, Rio Jacareú, Rio Paratiú, Rio Serra Negra, Rio Guaraguaçu, Rio dos Medeiros, Rio Itiberê, Rio Itaqui, Rio Iririú, Rio do Maciel, Rio das Peças, Rio Varadouro, Rio do Bananal, Rio Araçauba, Rio Maria Rodrigues, Rio Candairó (pequeno porém de importância na história), Rio do Cândido, Rio do Mandira, Rio do Barbosa, Rio Iririaia Açu, Rio Capivaru, Rio Guapara, Rio do Padre, Rio do Vigia, Rio Boacica, Rio Folha Larga, Rio Guanandituba, Rio Trapuá, Rio dos Cordeiros, Rio da Fonte, Rio Nanaú, Rio Perequê, Rio Sambaqui, Rio do Segredo, Rio Itapitangui, Rio Barigui, Rio Sibuí, Rio da Pescada, Rio Diconha, Rio Pilões, Rio do Costa, Rio da Paciência, Rio do Pinto, Rio Maria Luzia, Rio do Retiro, Rio Superagui, Rio do Papagaio, Rio das Minas, Rio do Meio, Rio Camboriu (camorim= robalo, u= rio), Rio Cananeano, Rio Tagaçaba, Rio Poruquara, Rio Sabaúna (lodo preto) e outros.

Também merecem destaque o Rio Nhundiaquara, que banha o município de Morretes, com suas inúmeras corredeiras, o que propicia a prática de diversos esportes aquáticos como o boia-cross e canoagem em geral; e o Rio Bethary em Iporanga, onde também se praticam essas modalidades esportivas.

São inúmeras as cachoeira desse estuário, tais como: Mandira, Cachoeira do Pitu, Cachoeira do Abrão, Cachoeira do Azeite, Cachoeira Taquaruvira, Cachoeira Sem Fim, Cachoeira das Andorinhas, Cachoeira Beija Flor, Salto do Cedro, Salto do Mergulhão, Salto da Venda, Cachoeira do Rio das Minas, Cachoeira Grande, Salto do Morato, Salto Queda do Meu Deus, Cachoeirinha, Cachoeira do Itapitangui, Cachoeira do Poço das Antas, Cachoeira da Noiva de Lamarca, Cachoeira da Capelinha, Cachoeira da Tapera.

Dessas cachoeiras, duas se destacam: o salto do Morato, pelos seus imponentes 80 metros de queda livre; e o Salto Queda do Meu Deus, cuja dificuldade de acesso em sua escalada, sempre ao som do seu murmurar, porém, sem poder visualizá-lo, até quando o cansaço já torna a respiração ofegante, depara-se com aquele visual deslumbrante, não se tendo outra expressão senão "Meu Deus".

Capítulo III

ILHAS DESTE ESTUÁRIO

Quanto às ilhas desse estuário, destacam-se três que se tornaram cidades: Ilha Comprida, Iguape e Cananéia.

As demais ilhas que compõem esse cenário são: Ilha das Peças, Ilha do Mel, Ilha Rasa, Ilha da Banana, Ilha Rasa da Cotinga, Ilha das Gamelas, Ilhas do Povo Sá, Ilha da Cotinga, Ilha dos Papagaios, Ilha das Garças, Ilha das Conchas, Ilha do Superagui, Ilha da Casca, Ilha Filhote, Ilha das Cobras, Ilha do Bom Abrigo, Ilha Corisco, Ilha das Laranjeiras, Ilha do Tumba, Ilha do Pinheiro, Ilha do Pinheirinho, Ilha dos Medeiros, Ilha do Teixeira, Ilha da Figueira, Ilha do Castilho, Ilha do Camboriú, Ilha do Cardoso, Ilha do Chapéu, Ilhas Pai Matos, Ilha de Valadares, Ilha do Mingu, Ilha das Palmas, Ilha do Aceiro Grande, Ilha da Galheta, Ilha Sambaqui, Ilha do Sapo, Ilha dos Caranguejos, Ilha da Enseada, Ilha da Vaca, Ilha Baquiri, Ilha do Rodrigues, Ilha Grande, Ilha do Boqueirão e Ilha do Furadinho.

Devo destacar algumas dessas ilhas que, por sua localização estratégica na defesa do País, pela sua importância histórica, ou pela transformação em parque estadual ou parque nacional, se tornaram notáveis.

Inicialmente citarei a *Ilha Comprida*, que, aos olhos dos primeiros navegadores que por aqui passaram, se depararam com uma faixa extensa de areia branca em formato de ilha, daí terem denominado Ilha Branca, pois as suas dunas àquela época não eram vegetadas. É nessa ilha que se encontra a maior praia desse estuário, com mais de setenta quilômetros.

Há também a Ilha do Bom Abrigo, de importância para a navegação pelo farol ali instalado em 1886, por determinação de D. Pedro II e como referência de aguada e excelente abrigo devido à sua conformação, que impede que o vento sul castigue quem ali ancorou.

Foto I – Farol na Ilha do Bom Abrigo

Esta é a Ilha do Bom Abrigo, localizada cerca de duas milhas ao sul da Barra de Cananéia, que, apesar da sua baixa altitude, tendo como ponto mais alto apenas 146 metros, apresenta várias nascentes de água potável. Dessa forma foi desde os primeiros contatos dos navegadores com o estuário um lugar seguro para se abrigarem das tempestades, sendo até hoje o lugar de refúgio para pescadores quando comunicados que mau tempo se aproxima e que não há condições para adentrar uma das barras de sua proximidade.

Foi no período colonial utilizada como armação de baleias, conforme se vê em parte de sua estrutura, como os tachos de bronze ali existentes e um que se encontra no Museu Municipal de Cananéia. Nas proximidades, capturavam-se as baleias e delas se extraia o óleo empregado na iluminação pública assim como na construção civil. Até hoje algumas casas do centro histórico de Cananéia dão o seu testemunho, pois nas suas grossas paredes de pedra e cal obtidas dos sambaquis está a argamassa impregnada com o óleo de baleia.

Muitos pescadores procuram essa ilha para com certeza fazer em seu entorno uma excelente pescaria.

São diversas lendas envolvendo essa ilha, mais nada se compara com o intrigante relato do tesouro de U$ 500.000.000, ali enterrado pelo pirata Capitão Trente, que após saquear um galeão espanhol na costa do Peru foi perseguido por uma esquadra norte-americana por volta do ano de 1780, e veio refazer-se nessa ilha.

Reza a versão que o Capitão Trente e seu imediato, junto a cinco marinheiros, teriam ali enterrado tal tesouro e que em seguida assassinaram-nos. Deixando os cinco corpos em círculo como parte das indicações no mapa e o segredo mantido apenas entre o capitão e o imediato. O Capitão Trente então se dirigiu ao Rio de Janeiro, onde teria contraído febre amarela, que causou a sua morte. O imediato procurou a tia do Capitão, Miss Willian, que possuía uma pensão em São Paulo e ali se hospedou com seu baú intocável cujo conteúdo mais importante era o mapa do tesouro.

Em suas conversas, não cansava de enaltecer seus feitos, suas aventuras pelos mares, suas conquistas, mas mesmo com suas fanfarronices não deixava escapar a existência de um mapa que poderia levar a um grande tesouro. Somente na véspera de sua morte chamou Miss Willian e apresentou-lhe o mapa deixado pelo seu sobrinho e zelado até então pelo amigo. Daí em diante sabe-se que três incursões ocorreram em busca do tesouro, porém em nenhuma foi desvendado o mistério. Em uma delas o homem levado por um caiçara aquela ilha com acordo de ser resgatado em data certa nunca mais foi visto. A última tentativa fora frustrada pela aproximação de embarcação da Marinha Brasileira quando da instalação do Farol determinado por

D. Pedro II, em 1886. A única certeza que se tem é que, encontrado ou não, por tais explorações desapareceram por completo as indicações que o mapa continha.

Ilha das Cobras, localizada na Baia de Paranaguá, foi utilizada por um período como reformatório de menores infratores e recentemente suas instalações passaram por ampla reforma, transformando-se na casa de veraneio do governador do estado do Paraná.

Ilha do Cardoso tem o nome original de Itacoatiara (pedras furadas e coloridas), devido à sua costa que dá acesso à praia de Itacuruçá (pedra da cruz) ser coberta por pedras com essas características.

Destaca-se por ter as maiores elevações, atingindo 890 metros. Com inúmeras cachoeiras, piscinas naturais, falésias. Localiza-se nessa ilha uma restinga de 18 quilômetros de extensão por 400 metros de largura, que após a abertura de uma nova barra em 26 de agosto de 2018, entre a Vila de Enseada e Vila Rápida, cerca de cinco quilômetros dessa restinga ao sul transformou-se em outra ilha. Porém, com a abertura dessa nova barra, a dinâmica da Barra do Ararapira foi alterada provocando o seu assoreamento e que no decorrer de alguns anos aquela ilha de aproximadamente cinco quilômetros estará integrada ao estado do Paraná.

Suas praias podem ser consideradas as mais belas desse estuário, Pereirinha, Itacuruçá (pedra da cruz), Ipanema (Praia Mole), Camboriú (Rio do Robalo), Lages – totalmente deserta, Morretinho, Marujá, de Ararapira, Enseada e a do Pontal de Leste, onde o Mar de Ararapira se encontra com o Oceano Atlântico, fundindo suas praias, produzindo a maior extensão na maré baixa, dando origem a um cenário ímpar.

São várias as falésias: de Marujá, do Morretinho, de Lages, de Foles, do Camboriú e do Itacuruçá. A praia de Itacuruçá (pedra da cruz) somente teve essa denominação após ter sido instalado ali sobre um grande bloco de pedra, o marco da posse (padrão) em 1502, pelo navegador Gaspar de Lemos.

A partir do ano de 1962, a ilha foi transformada em Parque Estadual da Ilha do Cardoso, dificultando a sua ocupação humana por pessoas que não são nativas dela. Dessa forma, os proprietários de áreas e suas respectivas construções feitas após 1962 foram por determinação judicial obrigados a demolirem, e propiciarem a regeneração de seus terrenos com base em 28 ações civis públicas impetradas pelo Ministério Público do Estado de São Paulo.

Sendo permitida a exploração do turismo pelos moradores tradicionais, se transformou no maior atrativo turístico de Cananéia, para isso foram instaladas pequenas pousadas, áreas para camping e restaurantes, o que permite que, mesmo com restrições ao número de pessoas por temporada, se possa desfrutar das suas belas praias, falésias, piscinas naturais e cachoeiras tais como: do Poço das Antas, Cachoeirinha, Cachoeira Grande, Cachoeira da Tapera.

Ilha das Peças, localizada na entrada da Barra de Paranaguá de fronte para a Ilha do Mel e que, a partir do ano de 1989, passou a fazer parte do Parque Nacional do Superagui. A origem do seu nome é controversa, não se podendo afirmar se teve influência do tráfico de escravizados, pois naqueles tempos tratava-se o negro escravizado como peça, ou por peças de artilharia, visto que a sua localização fica de fronte para a Ilha do Mel, onde existe uma fortaleza, sendo entre elas a passagem para embarcações.

Ilha do Mel (denominação antiga Ilha da Baleia), com certeza a mais procurada do estado do Paraná pelos turistas. Existem várias versões para o seu nome, porém, a que mais me convence é a que se refere à cor das águas em seu entorno após período chuvoso, tornando-a cor de mel.

Localizada no ponto extremo-sul da Barra de Paranaguá, foi por algum tempo quarentena para os negros escravizados procedentes da África.

Oferece muitas atrações turísticas como: Praia de Dentro; Praia de Fora; Praia das Encantadas; Praia do Miguel, Praia de Nova Brasília, Gruta das Encantadas, cuja formação do teto nos leva a fazer diversas conjecturas, Farol das Conchas, onde por ordem de D. Pedro II em 1870 foi determinada a sua construção. Sua obra foi realizada por uma empresa inglesa, empregando-se material procedente da Escócia sob a supervisão do Engenheiro Zózimo Barroso.

Forte Nossa Senhora dos Prazeres, localizado no Morro da Baleia, tendo iniciado a sua construção em 15 de janeiro de 1767 e terminado em 23 de abril de 1769. Chegou a ser armado com 12 peças de artilharias, variando de 12 a 30 os calibres.

O objetivo inicial era a proteção da cidade de Paranaguá contra corsários provenientes da vizinha Argentina.

Em três momentos fora utilizado: primeiro, para repelir os farroupilhas em 31 de outubro de 1839; segundo, quando da batalha do Cormoran em 1° de julho de 1850; e, por último, na ocupação entre 1914 e 1918, durante a Primeira Guerra Mundial, servindo como base militar de proteção à costa.

Destaque para o episódio "Batalha do Cormoran". Na data de 29 de junho de 1850, o cruzador da Marinha Britânica *HMS Cormoran*, comandado por Hubert Schumberg, adentrou na Baia de Paranaguá orientado por um caiçara que pescava na barra e que foi obrigado a ensinar o caminho, indo até o porto de Paranaguá. Então o comandante determinou que fossem apreendidos os brigues *Dona Anna e Sereia*, além da *Galera Campeadora*, somente não se apossou do navio *Astro* porque seu comandante, o gaúcho José Francisco Nascimento, percebendo a intenção dos ingleses, abriu um buraco no fundo do barco, fazendo-o ir a pique. Segundo o comando do cruzador inglês, aqueles barcos apreendidos eram suspeitos de destinarem-se ao tráfico de escravizados, atividade que a Inglaterra naquele momento combatia.

O Guarda-mor da Alfândega de Paranaguá, Sr. Francisco Pinheiro, visitou o capitão Hubert Schumberg, momento em que este apresentou ofício relatando seus atos. As autoridades presentes, Coronel Manoel Antonio Guimarães, comandante da Guarda Nacional, o Delegado de Polícia Sr. José Francisco Barroso e o Juiz Municipal Dr. Filastro Nunes Pires, se recusaram a receber tal ofício.

Naquela ocasião, o comandante da Fortaleza de Nossa Senhora dos Prazeres era o Capitão Joaquim Ferreira Barbosa, que foi consultado por um grupo de homens: Manoel Ricardo Carneiro, Caetano José de Souza, Tomaz José de Oliveira, Bento Antonio de Menezes, José Candenes do Amaral, Joaquim Caetano de Souza Ferreira e outros. Inconformados com aquela situação e que clamavam por defender a soberania nacional, receberam como resposta positiva do comandante da Fortaleza para que o *Cormoran* fosse atacado caso não atendesse às recomendações que lhes seriam feitas quando da sua partida. Municiaram o forte e aguardaram a passagem do cruzador, o que se deu no dia 1° de julho daquele ano.

O Sargento da Guarda Nacional Tomaz José de Oliveira foi então incumbido de entregar um ofício ao Comandante, cujo teor determinava que os navios brasileiros apreendidos deveriam ser deixados antes da travessia da barra. O seu escaler fora alvejado por um tiro de pólvora seca e por isso não pôde entregar o ofício.

Naturalmente que, com aquela reação inglesa, estava declarado o combate que durou cerca de trinta minutos.

Desse confronto restaram avariados os brigues *Dona Ana* e *Sereia*, que foram incendiados pelo Capitão Schumberg logo após a passagem da barra, e, para a *Galera Campeadora*, montou tripulação que fora levada para Serra Leoa, na África.

Foto II – Forte Nossa Senhora dos Prazeres na Ilha do Mel

A Península de Superagui teve o seu extremo-norte ocupado por europeus logo após a ocupação de Cananéia, que se deu em 1502. Após essa data, o lugar denominado Ararapira começa a ser ocupado, pois assim afirma Nestor Goulart dos Reis, que considera ser Ararapira pertencente ao estado de São Paulo, um dos vinte primeiros povoados do Brasil.

O sul da península somente foi povoado a partir de 1852, quando 17 famílias europeias ocuparam o local denominado Barbados, fundando a Colônia Agrícola de Superagui. Existem até os dias atuais ruínas de suas construções, bem como remanescentes dos seus ocupantes, como a família Michaut. Esses europeus somavam 85 pessoas, distribuídos por dez famílias suíças, cinco francesas e duas famílias alemãs.

Entre os primeiros colonizadores, destaca-se Willian Michau, suíço que se tornou famoso por retratar em telas as paisagens que estavam à sua volta, podendo-se encontrar suas obras no Palácio do Governo em Curitiba.

A partir da ocupação naquele local foram produzidos vinho, café, farinha de mandioca, arroz, peixe seco, conforme balanços anuais da época.

Além de Barbados, surgiram as Vilas de Superagui, Vila Fátima, Canudal, e Barra do Ararapira.

Por decreto federal de 1920 ficou determinado que as divisas dos estados de São Paulo e do Paraná na parte marítima passariam a ser compreendidas pela distância média dos canais. Dessa forma, o estado do Paraná conquistou aquele território onde está localizado Ararapira, que teve o seu povoamento possivelmente na década de 1510, podendo-se afirmar que o estado do Paraná teve sua colonização iniciada ali.

No ano de 1954, deu-se artificialmente a abertura do Canal do Varadouro, o que transformou a península em Ilha.

A partir de 1989, foi criado o Parque Nacional do Superagui.

Esse estuário contém diversas baias, porém a mais importante é a de Paranaguá, pois é através dela que circulam os grandes navios de carga e de passageiros, tratando-se do segundo maior porto do Brasil.

Mais adiante encontram-se as Baias de Antonina, Dos Pinheiros, Das Laranjeiras, Do Trapandé em Cananéia. Também há as Barras de Paranaguá, Barra do Superagui, Barra do Ararapira, Barra de Cananéia, Barra de Icapara e Barra da Ribeira.

Capítulo IV

DIVISORES DE ÁGUAS

Há um fenômeno conhecido como divisor de águas que somente se dará se houver duas barras com posicionamento opostos. Isso ocorre quando as águas do oceano adentram as barras nas marés de enchente, pois as forças opostas se aproximam, e exatamente na metade da distância entre essas barras, seus ímpetos vão se arrefecendo até tornarem-se neutros, não ultrapassando aquela barreira natural.

Quem utiliza barcos com cascos planantes (voadeiras), dificilmente perceberá mudança em seu deslocamento. Porém, se o barco utilizado for do estilo deslocante (botes), logo perceberá que passou por um divisor de águas.

Pessoas familiarizadas com o estuário perceberão com facilidade essa mudança da dinâmica e do comportamento no fluxo das águas, principalmente se tiverem o hábito de remar, pois a facilidade em se locomover quando acompanha a corrente mudará completamente ao atingir aquele ponto de equilíbrio, pois a partir dali o seu esforço será muito maior, já que assim a corrente será contrária.

Citarei alguns pontos com divisor de águas deste estuário: Barra de Superagui X Barra do Ararapira; Barra de Icapara X Barra de Cananéia; Barra do Ararapira X Barra de Cananéia.

Assim, cai por terra a afirmação que muitos fazem de que a abertura do Canal do Varadouro, por ter sido construído artificialmente, venha provocando erosões na Enseada da Baleia e na Vila de Ararapira.

Citando a Vila de Ararapira, neste caso, a erosão já era notada desde os anos de 1920, quando o canal desviou naturalmente nas proximidades do Saco do Lopes, passando pela frente de um banco de areia existente em frente à vila, que aos poucos foi sendo vegetado e se transformando em ilha.

Fator preponderante na evolução da erosão é a mudança do comportamento humano, que até os anos de 1960, deslocava-se basicamente com propulsão manual (remo) ou eólica, e que a partir dessa data passou a utilizar motores cada vez mais potentes, que ao passarem pelo local em alta velocidade, considerando-se as marés de sizígia, o impacto das ondas atinge o barranco em maiores altitudes, removendo os sedimentos enfraquecendo as estruturas das construções.

Não se pode negar que o fator que mais contribui para a erosão naquele local é o vento leste, que remove diariamente a areia da sua encosta, transportando-a para a parte superior em forma de duna. Assim como as ondas, com a retirada da sustentação, as estruturas sobre ela existentes tendem a desmoronar.

Nos meados de 1920, quando o fenômeno natural iniciou, chamou a atenção dos moradores, que viram o braço de mar cada vez mais se aproximando da vila e como consequência a destruição do cafezal de uma senhora ali localizado e que foi o primeiro ponto a ser atingido pela erosão. Tornou-se hábito e pândega alguém, ao ouvir um ruído indistinto em lugar incerto (algures), exclamar "caiu o cafezal da velha".

Assim sendo, desde a década de 1920 se assiste com impotência e tristeza à perda para o mar de vários edifícios em que funcionavam padarias, armarinhos, armazém de exportação de grãos, clube, posto de saúde, cartório de registro civil, seção eleitoral, salão de cabeleireiro, bares, posto da receita estadual do Paraná, além de muitas residências.

Quanto à Vila de Enseada da Baleia, nesta os fenômenos naturais a provocar a erosão são basicamente as marés de sizígia que, acompanhadas de ventos fortes e ressacas, levam os sedimentos para o mar. As maiores amplitudes ocorrem no inverno, mais precisamente no mês de agosto.

Não se pode negar que com essas condições, se considerarmos os motores possantes das novas embarcações e o constante fluxo delas, isso implicará mais erosão.

Outro fator a ser considerado é o fato de que nas proximidades daquela vila, há alguns séculos havia uma barra, que foi aos poucos assoreada integrando a restinga, e hoje está prestes a romper, voltando a ser o que já foi no passado.

Deve-se lembrar que Ararapira foi o povoado mais populoso e de forte comércio ao sul do litoral do estado de São Paulo, e que por isso sua população deveria estar a salvo de uma possível invasão pelo mar, daí manter-se alguém a monitorar aquela barra no <u>sítio e rio denominado de vigia</u> a cerca de três quilômetros daquela barra e a aproximadamente dois quilômetros da Vila de Ararapira.

No ano de 2012, quando a faixa de terra naquele ponto não passava de três metros de largura, deparei-me com um oceanógrafo que faz monitoramento daquela parte da Ilha do Cardoso, o qual afirmou que a erosão é irreversível, só não podendo afirmar quando se daria o rompimento.

Os moradores da Vila Enseada da Baleia e proximidades foram persuadidos por segurança a se retirarem dali, porém o apego à terra e às suas origens fez com que relutassem em sair. Mas a prudência e o bom senso prevaleceram. No ano de 2017 aqueles moradores passaram a ocupar outro espaço a cerca de quatro quilômetros ao norte na mesma ilha, ao qual denominaram Nova Enseada da Baleia.

Pois não tivemos que esperar muito para ver o fenômeno cíclico se repetir. No dia 26 de agosto de 2018, sem qualquer interferência humana, apenas a força da maré de lua cheia, acompanhada de ventos fortes e ressaca, efetivamente uma barra se abriu nas proximidades da antiga Enseada da Baleia. Esse momento histórico da separação de parte da Restinga da Ilha do Cardoso formando uma nova ilha foi devidamente registrado, de forma que no futuro poderá ser comparado com outros que virão. Diferentemente dos que ocorreram anteriormente, há apenas testemunhos de moradores que ouviram de seus antepassados relatos dessas ocorrências.

A partir da abertura da nova barra, serão notadas alterações no ecossistema, como peixes de oceano mais abundante no Mar do Ararapira, a água estará com maior salinidade, maior velocidade, maior transparência e o divisor de águas deixará de ser no lugar denominado Tumba, para além do Sambaqui das Almas.

Capítulo V

O GRANDE LEGADO

Quando do descobrimento do Brasil, aqui havia cerca de 5 milhões de indígenas distribuídos por muitas aldeias e falando diversas línguas com troncos bem definidos. No Brasil central estavam os troncos Jê, Xavante e Aruak, e no litoral até onde se estende a mata atlântica predominava o tronco Tupi.

Geograficamente, podemos dizer que na faixa litorânea estavam os Guaianazes, Aimorés, Tupis, Carijós, Caetés, Tupiniquins, Tupinambás, Guaicurus, Goitacazes, Caigangues, Tapuias, Pataxós, Tamoios e muitos outros, pois, como legado, deixaram a nomenclatura da maioria dos acidentes geográficos, animais, madeiras, dos peixes de nossa costa e dos rios, grafados em tupi.

Para confirmar essa informação, basta olharmos à nossa volta. Perceberemos que estamos cercados desses termos, como: Anhangabaú/SP (vale do demônio); Rua Tabatinguera/SP (aldeia branca velha); Pacaembu/SP (rio das pacas); Praia de Itapoã/BA (praia da pedra redonda); Cajati/SP (mata de folhas pontiagudas); Gravataí/RS (rio do gravatá); Paranaguá/PR (grande mar); Guaraqueçaba/PR (dormitório dos guarás); Iguape/SP (enseada do rio); Camboriú em Cananéia/SP (rio do robalo); Saquarema/RJ (caramujo mole); Pariquera Açu/SP (grande cercado velho); Cananéia/SP (mata espessa e isolada); Piraquara/PR (poço dos peixes); Niterói/RJ (rio verdadeiro e frio); Guaratinguetá (lugar das garças brancas); Itacuruçá em Cananéia/SP (pedra da cruz); Ipanema/RJ (praia mole); Itamaracá/PE (pedra do sino); Itajubá/MG (ouro); Itaberaba/MG (diamante); Itapocorói/

SC (pedra comprida e gelada); Acaraú/CE (rio do acará); Curuçá/PA (cruz); Guaratinga/BH (garça branca); Guarapari/ES (cercado dos guarás); Itu/SP (salto); Caporã/PB (mata bonita); Coaraci/BH (gruta da santa); Igaraçu/PE (navio); Pindamonhangaba/SP (fábrica de varas de pescar); Sirinhaém/PE (toca do siri); Aracajú/SE (cajueiro das araras); Carapicuíba/SP (acará comprido e ruim); Itapemirim/ES (caminho de pedras pequenas); Tabatinga/RN (aldeia branca); Caraguatatuba/SP (caraguatazal); Araçatuba/SP (araçaeiros); Itanhaém/SP (bacia de pedra); Mairiporã/SP (cidade bonita); Itapetininga/SP (caminho das pedras secas); Itaquaquecetuba/SP (rio das taquaras de fazer facas) e tantos outros nomes.

Para citar alguns peixes: carapeva (acará achatado); cação--cambeva (cação da cabeça achatada); Camorim-peva (robalo achatado); acarauna (acará preto); caratinga (acará branco); carapicu (acará comprido); Pirarara (peixe cor de arara); caraputanga (acará vermelho); piraíba (peixe ruim); gurijuba (guri amarelo); piraputanga (peixe do rabo vermelho); piracanjuba (peixe da cabeça amarela); piranha (peixe dentuço); caranha (acará dentuço) etc. Madeiras como canema (mata mole); caroba (mata amarga); peroba (ipê amargo); cauna (mata preta); Ibirapuera (pau podre); cataia (mata que arde) e outras.

Quanto à língua guarani, esta era falada na região do Chaco paraguaio, onde predominavam os índios Guaranis com língua própria que permaneceu até os dias atuais, pois no Paraguai são falados espanhol e guarani. Somente nessa faixa territorial fronteiriça ao Brasil podemos admitir que haja a fusão do tupi com essa língua, obtendo-se o tupi-guarani.

Assim como nas fronteiras do Rio Grande do Sul com o Uruguai misturam-se o português com o espanhol, o que origina o portunhol.

Se nos referirmos apenas ao litoral com o Brasil central, não iremos encontrar fusões como exemplo: tupi – jê; tupi - xavante; tupi – aruak.

Na cordilheira dos Andes predominava a língua quéchua, falada pelos incas.

Portanto, considerando que não existindo qualquer acidente geográfico ou peixes, madeiras do litoral brasileiro grafado em guarani, podemos deduzir que nessa faixa do nosso território sempre predominou tupi puro, e depois com a colonização vieram os termos grafados em português. Até mesmo a Ilha de Santa Catarina um dia chamou-se Meembipe.

Alguns sítios ou cidades foram grafados errados por corruptela da língua, e consequentemente assim permanecerão, exemplos: Ariri (bairro de Cananéia/SP), cuja grafia correta seria Iriri, que significa ostra, a exemplo do rio em frente, Marujá, também bairro de Cananéia, que é grafado corretamente Iririú (rio da ostra); Cubatão/SP, cuja grafia seria Acuantam (terreno sinuoso).

No período colonial foi de suma importância que os europeus tivessem conhecimento da língua aqui falada, pois valia até mesmo como estratégia de aproximação com os nativos. Isso é notório desde o primeiro contato dos descobridores lá na Bahia, quando cogitou-se levar mesmo que a força nativos a Portugal para se obter dele o ensinamento da língua, para nas próximas expedições terem mais sucesso. Todavia, em reunião, decidiu-se por deixar portugueses entre os nativos para que aprendessem a língua para servirem como intérpretes nos próximos contatos.

A partir de 1531, quando em definitivo Portugal decidiu colonizar o Brasil, com centenas de pessoas que aqui chegaram, vieram os padres, destacando Gonçalo Monteiro, que celebrou a primeira missa em São Vicente. No Governo Geral de Tomé de Souza, com a chegada dos padres Jesuítas em 1549, os primeiros ensinamentos da língua tupi tiveram início. Foram ministradas aulas dessa língua até 1759, o que permitiu que falássemos dois idiomas no país. Quando Sebastião José de Carvalho Melo (Marques de Pombal), por decreto datado de 3 de setembro de 1759 expulsou todos os padres Jesuítas das Colônias espalhadas pelo mundo, incluindo o Brasil, deixamos de ter o ensinamento dessa segunda língua no Brasil.

Na chegada de Pedro Álvares Cabral na costa da Bahia, os primeiros contatos foram de grandes surpresas. Principalmente por encontrarem um povo nu, sem pudor algum em se apresentarem daquela forma com toda naturalidade, sem qualquer preocupação em se cobrirem na presença dos recém-chegados.

De acordo com os primeiros comentários feitos por Pero Vaz de Caminha, tratava-se de um povo de ótima aparência e excelente porte físico, corpos perfeitos, sadios e limpos.

Não demonstravam medo nem manifestavam agressividade, apenas desconfiança, pois por várias tentativas de introduzir um branco para conviver entre eles, apenas admitiam no período diurno. Ao anoitecer obrigavam-no a retornar ao navio.

Como não possuíam qualquer vestimenta, era muito fácil observar seus corpos, o que somente rendiam elogios, tais como: "a feição deles é serem pardos, maneiras de avermelhados, de bons rostos e bons narizes, bem feitos".

Como a carta era dirigida ao Rei de Portugal, assim se expressou Caminha, referindo-se às mulheres: "E uma daquelas moças era tão bem feita e tão redonda..., tão graciosa, que a muitas mulheres da Vossa terra, vendo-lhes tais feições, fizera vergonha por não terem as suas como ela".

Em outro trecho do documento, faz-se uma referência geral a homens e mulheres:

> [...] porém, e com tudo isso, andam muito bem curados e muito limpos. E, naquilo me parecia mais que são como aves ou alimárias monteses, as quais faz o ar melhor pena e melhor cabelo que as mansas, porque os corpos seus são tão limpos, tão gordos e tão formosos que não pode mais ser.

Noutro trecho: "cortam suas madeiras e paus com pedras feitas como cunhas, metidas em um pau entre duas talas, muito bem atadas e por tal maneira que andam fortes". "Não comem senão desse inhame que aqui há muito, e dessas sementes e frutos que a terra e as árvores, de si lançam. E com isto andam tais e tão rijos e tão médios, que o não somos nós tanto conquanto trigo e legumes que comemos".

Quanto à higiene, esses comentários são pertinentes, pois sabe-se que os europeus naquela época não prezavam muito pelo banho, sendo praticado em média três vezes ao ano.

Dessas observações, principalmente referindo-se à higiene corporal que causou tanto espanto nos descobridores, não é de nos surpreender por que o brasileiro que tem hábito do banho diário é considerado nos dias atuais um povo de grande asseio.

A utilização de ervas diversas na farmacopeia, na culinária, nos chás caseiros, veio dos contatos com os indígenas, que sabiam da eficácia de cada folha, de cada semente, cada raiz, cada casca de árvore, cada fruto, cada cipó, cada cogumelo. Devo registrar que da natureza tudo se extraia, porém de forma racional na medida de suas necessidades, sem exageros nem desperdícios, de forma a preservar as fontes.

A terra era plantada no sistema de rotação de áreas, assim por serem nômades estavam sempre por abandonar a última roça e quem sabe um dia viriam a utilizá-la quando já então estaria regenerada.

Muitas aldeias construíam as suas canoas de troncos utilizando machados de pedra e empregavam o fogo para facilitar a remoção da madeira do seu interior.

Porém, os canoeiros desenvolveram uma técnica que consistia em extrair a casca do jatobá transformando-a em canoa, sem que para isso fosse necessário derrubar a árvore. Isso significa dizer que o tronco permanecia preservado em regeneração, até podendo no futuro dar origem a outra canoa, construída com a mesma técnica. Vale lembrar que nessas canoas poderiam ser transportadas até 18 pessoas.

Os cipós eram utilizados na confecção de cabos para puxar redes de pesca, confecção de redes para descanso, para tecer suas ocas, bem como medicamento, como é o caso do cipó caboclo, que produz excelente colírio; fibras diversas incluem o tucum, que servia para linha de pescaria e corda de arco; no trabalho de campo como os cestos, balaios, peneiras; no preparo de alimentos, tipitis, usados para extrair o líquido contido na massa obtida da mandioca ralada, utilizada no fabrico de farinha, cuscuz e beijus.

A argila era transformada em utensílios mortuários (urnas), bem como na confecção de cachimbos; utensílios domésticos como panelas, torradores de grãos nos quais se preparava o milho para a segunda etapa o pilão de madeira, em que era transformando em farinha extremamente moída para em seguida ser peneirada, dando-se por pronta a iguaria denominada jabacuí (pó amarelo).

Todas as matérias-primas eram obtidas de forma racional, consciente e principalmente respeitando as fazes da lua, que permitia uma maior durabilidade para aqueles bens.

Na alimentação empregavam-se raízes, frutos, sementes, grãos, bulbos, rizomas, mel, peixes, camarões e carnes diversas; além de mariscos como ostra, pariova, sernambi, ameijoa, berbigão, sururu, bacucu, pegoava e vieira.

Os peixes eram capturados empregando-se anzol, covo, rede, jequiá, arpão e pari (cercado).

Quando o instrumento empregado era arco e flecha ou arpão, exigia do pescador mais duas habilidades, ser bom nadador e mergulhador, pois após o peixe ser arpoado havia a necessidade do mergulho para recolhê-lo à superfície.

Quanto à carne, não havia criação doméstica, portanto, a caça era tarefa diária, empregando-se diversos métodos de captura, como arco e flecha, arpão, zarabatana, além de diversas armadilhas, como mundéu, arataca, laço, fojo.

Todas essas práticas de caça cessavam ao iniciar o período de acasalamento e cria, usando do raciocínio lógico, já que as armadilhas eram construídas nos carreiros dos animais, travava-se o dispositivo de desarme, o que deixava a passagem livre, permitindo o trânsito dos animais. Na nova temporada de caça, acionava-se o dispositivo de desarme, o que permitia sucesso absoluto na captura. Esse respeito à natureza permitia que a caça fosse sempre abundante. O homem branco, observando esse comportamento, passou a praticá-lo e transmitiu a seus descendentes. Fez certas adaptações como o aparecimento do bodoque, que nada mais é que um arco modificado em seu encordoamento paralelo, para permitir o arremesso de pequenas pelotas, usadas na captura de pássaros e pequenos animais com grande eficiência.

Alguns instrumentos utilizados na caça de animais no caso arco e flecha, muitas vezes também eram empregados na guerra, fazendo-se distinção para cada situação.

Eram usados também na captura de animais de grande porte como anta, ou muito ágeis como macaco e bugio, que se mal-feridos se deslocariam para longe do caçador dificultando a sua localização. O mesmo ocorrendo quando da captura de um pássaro, que em geral era abatido por zarabatana, para obter êxito, as pontas das setas saiam da aljava umedecidos com um líquido de procedência vegetal denominado curare, que ao penetrar na corrente sanguínea da presa, provocava paralisação instantânea, sem comprometer sua carne para o consumo.

Quando se tratava de guerra, a forma era bem mais agressiva, pois se tinha como objetivo eliminar o inimigo, para isso empregava-se veneno de cobra. Só para lembrar que Estácio de Sá, fundador do Rio de Janeiro, foi ferido no rosto por uma seta envenenada, que lhe causo a morte.

Na cultura indígena, não se permite a coleta de alimentos além da necessidade do grupo. Assim, a coleta de frutos, colheita de plantios, caçada ou pescaria limitava-se ao consumo daquele momento, para não haver desperdício. Em duas cerimônias havia a necessidade de armazenamento de grande quantidade de alimentos, quando do Kuarup, e do Moitará, pois eram convidadas diversas outras aldeias a participarem dos eventos.

Outro momento em que se obtinha grande quantidade de alimentos e permaneciam armazenados era no inverno.

Para isso desciam os habitantes do planalto para o litoral, onde permaneciam acampados armazenando todos os peixes que pudessem capturar e desidratar, principalmente a tainha, que vinda do sul, à procura de águas mais quentes para sua reprodução, encontrando no estuário, em canais, o lugar ideal. Os nativos, ao retornarem para o planalto, levavam piratininga (peixe seco), que poderia ser consumido por diversos meses.

O nativo dessa região usava o fogo para o preparo de seus alimentos, que poderiam ser cozidos, assados ou moqueados. Chama a atenção o moqueado que, ao preparo do peixe, acrescentava-se além do tempero a farinha de mandioca, com a qual era empanado. Em seguida usava-se espeto ou grelha de madeira (moquém) para mantê-lo ao lado do braseiro sem ter contato com a brasa ou a labareda, esperando o tempo necessário para sua desidratação, mantendo a cor branca do peixe e a conservação por semanas.

Certos peixes, como tainha, carapicu, parati, caratinga e carapeva, eram lançados diretamente ao braseiro, sem a remoção das escamas, pois estas eram a proteção natural no momento da cocção, sendo facilmente removíveis ao serem consumidos, quando acrescentava-se tempero a gosto.

Seguindo os princípios da língua tupi, que preconiza que moquear é desidratar, darei a receita da **moqueca caiçara** preparada e consumida no estuário desde Iguape até Paranaguá.

Consiste em misturar com farinha de mandioca o caldo do cozimento de algum fruto do mar como camarão, ostra, sururu. Para finalizar a receita, acrescentavam-se os ingredientes que dariam o nome ao prato, por exemplo: ova de alguns peixes como pescada, membeca, parati e principalmente de tainha, ou a carne de alguns peixes como manjuba, sardinha; ou os moluscos sururu, ostra, berbigão, bem como lula e camarão, carne de siri. Considere-se que esses ingredientes estejam temperados, o que inclui, necessariamente, cheiro-verde, sem faltar alfavaca, que atribuirá à receita um aroma e sabor especial. Após tornar a massa homogenia, molda-se com as mãos até ganhar a forma de um quadrado ou retângulo, mantendo-se uma espessura entre dois e três centímetros. Coloca-se a seguir em folha de bananeira branca ou maçã, sem a nervura principal, para facilitar dobrar as pontas como se faz um embrulho, e em seguida amarra-se com a própria fibra de bananeira. Da fogueira deixa-se apenas o braseiro, em que será aberto um espaço suficiente para caber o invólucro que será em seguida coberto com as cinzas e brasas, permanecendo por cerca de 20 minutos, quando estará pronto para ser saboreada essa iguaria, acompanhada de café.

Outra receita que herdamos dos indígenas é **peixe seco com banana**, muito consumido pelos estuarinos.

Do peixe que foi salgado e seco ao sol ou defumado terá que ser removido o excesso de sal empregado em sua conservação. Leva-se ao cozimento com os temperos a gosto. Quando já finalizando a cocção é que se acrescenta a banana descascada, de preferência a nanica, sem estar madura nem verde. Esse prato é consumido com o acompanhamento de arroz branco.

Estando nesse estuário, não se pode deixar de apreciar a bebida típica aqui produzida artesanalmente das folhas da **cataia** (mata que arde), apelidada pelos estuarinos de **whisky caiçara**, pois se aproxima da cor e do sabor desse destilado, transformando-se assim no aperitivo preferido.

Receita para uma boa cataia: para um litro de cachaça de alambique ou vodca, adicionam-se no máximo dez folhas secas de cataia, uma colher de chá de mel e deixa-se a decantar por um mês. Nesse prazo removem-se as folhas e filtra-se o líquido, e está pronto para ser consumido, moderadamente.

Lambe lambe talvez seja o prato típico mais difundido do estuário, podendo-se encontrar em diversos restaurantes na cidade de Cananéia, e inclusive no dia a dia do caiçara.

Primeiramente, escova-se um a um cada sururu, pois eles são encontrados na lama, então, é natural que tragam impurezas.

Procedida a limpeza, dois terços dos mariscos são fervidos para se proceder a remoção dos moluscos que ficarão reservados, enquanto um terço deles permanecerá com a casca.

A água na qual foram fervidos os sururus deve ser coada e mantida reservada para ser utilizada no cozimento do arroz.

Prepara-se o arroz, iniciando a fritura de uma cebola grande bem picada, acrescidos de tomate, pimentão, cheiro-verde, alfavaca. Quando esses ingredientes estiverem formando um molho, acrescentam-se os moluscos que haviam sido retirados da casca. Aquela água que estava reservada vem para o cozimento do arroz. Pouco antes de iniciar a ebulição, acrescenta-se aquele terço dos sururus com casca, mexendo-se para se ter certeza de que estejam misturados ao arroz. Durante a cocção, os sururus com casca serão preenchidos com arroz e os outros moluscos, sendo possível encontrar dois ou mais em uma só concha. Espera-se secar o arroz e está pronto para ser degustado.

Da convivência com os indígenas e da mestiçagem que adquirimos, herdamos os hábitos de higiene corporal, conservação de alimentos, hábitos alimentares saudáveis, preservação das florestas, rios, cachoeiras, restingas, lagos, falésias, manguezais, praias, que se apresentam hoje como sempre foram, mesmo com o crescimento populacional.

O estuário é riquíssimo em espécies de peixes, crustáceos, moluscos, sem que para isso se recorra a alguma fórmula mágica ou técnica extraordinária, mas simplesmente observando-se o comportamento dos seres que nele se desenvolvem, seus ciclos de vida. Assim, sem uma interferência negativa do ser humano, a vida segue o seu curso e o resultado é este conjunto de belezas, pureza e fartura que se apresenta aos nossos olhos e ao alcance de nossas mãos.

Capítulo VI

MUNICÍPIOS DA BACIA HIDROGRÁFICA DO RIO RIBEIRA DE IGUAPE E OUTROS QUE COMPÕEM O ESTUÁRIO

Os municípios do Vale do Ribeira receberam imigrantes japoneses, poloneses, italianos, portugueses e forte presença de africanos, que desde o início da colonização participaram das atividades de exploração de ouro e na agricultura.

Os quilombos, que de início tratava-se de apenas concentração de fugitivos dos seus respectivos donos, passaram a ter vida própria, mantendo costumes, crenças, danças, tradições. Exemplo dessas concentrações de negros são as comunidades presentes nos seguintes municípios do Vale do Ribeira:

Eldorado: Ivaporumduva, Pedro Cubas, São Pedro, André Lopes, Pedro Cubas de Cima e Sapatu.

Iporanga: Pilões, Maria Rosa, Porto Velho, Praia Grande e Nhunguara.

Iguape: Galvão e Morro Seco.

Jacupiranga: Poça.

Cananéia: Mandira.

Registro: Peropava.

Apiai: fundado em 4 de agosto de 1771, sendo o município do Vale do Ribeira que está localizado na maior altitude, 1.050 metros.

Iporanga (Rio Formoso): fundado em 1576, detém o título de "capital das cavernas", possuindo no total de 360, estando as mais belas no Parque Estadual Turístico do Alto Ribeira (Petar), para citar algumas: Santana, Morro Preto, Couto, Água Suja, Laje Branca, Casa de Pedra, Arataca, Monjolinho.

Suas atrações turísticas são, além das cavernas, as cachoeiras: Taquaruvira, Andorinhas, Sem Fim, Beija Flor. O esporte de aventura é praticado no município, tal como boia cross e canoagem.

Eldorado: seu primeiro nome foi Xiririca (escorregadio). Estância Turística, fundado em 10 de março de 1757, na margem oposta do Rio Ribeira, no lugar denominado de Itapeuna (caminho das pedras pretas), onde foi construída uma capela em homenagem a Nossa Senhora da Guia.

Motivado por duas grandes enchentes e inundações, uma em 1807 e outra em 1809, a cidade foi transferida para outra margem do rio em 1810.

Suas maiores atrações turísticas são: Caverna do Diabo e a Queda do Meu Deus.

Sete Barras: fundada em 30 de novembro de 1944, tendo o seu nome ligado a uma lenda em que um explorador espanhol teria enterrado sete barras de ouro na margem do Rio Ribeira naquela localidade, sem nunca tê-las resgatadas.

Juquiá (armadilha para capturar peixes): fundado em 10 de abril de 1948, embora a ocupação territorial tenha se dado em 1827 por Felipe Fernandes. Possui como atração turística a cachoeira denominada Salto do Iporanga.

Miracatu: fundado em 1872 à margem do Rio São Lourenço sob a denominação de Prainha, o que perdurou até 1944, quando foi substituído por Miracatu. Pelo Rio São Lourenço através de canoas era transportado café até o porto de Iguape, somente sendo interrompido esse transporte com a implantação da Estrada de Ferro Sorocabana. Atualmente, sua economia gira em torno da agricultura, basicamente na bananicultura, incluindo o artesanato a partir das fibras das bananeiras.

Jacupiranga (jacu vermelho): fundada em 29 de dezembro de 1927. O local já era conhecido desde o século XIX, quando partindo de Cananéia pela Estrada do Canha, hoje SP-193, à procura de ouro, Matias de Pontes e o nativo Botujuru chegaram naquele lugar.

Esses dois desbravadores avançaram para dentro da floresta em direção ao poente até encontrarem o Rio do Canha, quando então construíram uma canoa com a finalidade de prosseguir explorando aquele rio. Ao chegarem a sua foz, depararam-se com uma bela praia e então decidiram montar acampamento, foram, porém, surpreendidos por um grande temporal e consequentemente uma grande inundação, por pouco perderam todos seus equipamentos e quiçá as vidas.

Obrigados pela enchente a subirem as barrancas do rio, se instalaram no alto, onde não mais seriam alcançados pelas águas. Mais tarde, nesse local, se deu início ao povoamento dessa cidade a partir de uma igreja que ali se construiu em devoção a Nossa Senhora da Conceição. Possui como atrações turísticas o Rio Guaraú e o Salto do Guaraú.

Cajati (mata de folhas pontiagudas): fundada em 19 de maio de 1991. Local conhecido desde o século XIX, quando os exploradores de ouro Matias de Pontes e o nativo Botujuru, que saindo de Cananéia pela estrada do Canha, passando por Jacupiranga chegaram até aquele local.

Tem na bananicultura uma das forças de sua economia. A partir da exploração de suas jazidas de apatita, cal e níquel, passou a ser um grande produtor de cal, cimento e fertilizantes.

Como atrações turísticas, destaques para as cavernas: da Capelinha e de Lamarca; também conta com as cachoeiras: da Capelinha, do Abraão, da Noiva de Lamarca e do Braço do Azeite.

Pariquera Açu (cercado grande e velho): fundada em 30 de dezembro de 1953.

Desde quando se estabeleceram as minerações de ouro no alto Rio Ribeira, uma das alternativas para alcançá-las por terra era seguir as antigas trilhas indígenas que margeavam aquele rio.

O ponto de pouso, denominado Guaricana, cuja parada era necessária para descanso ou troca de montaria e pernoite dos viajantes, mais tarde foi denominado de Pariquera Açu. Era ali aproximadamente a metade do caminho entre Iguape e Eldorado para aqueles que se dirigiam às minas de ouro do Rio Ribeira acima.

Os primeiros colonos europeus chegaram em 1895, sendo poloneses, italianos, húngaros e alemães.

Registro: fundado em 17 de setembro de 1935, teve a sua origem também na exploração de ouro. Por aquele local passavam os exploradores conduzindo o ouro extraído Ribeira acima, e ali se faziam a conferência e o registro, para em seguida ser fundido em Iguape.

O imigrante japonês Torazo Okamoto, em 1934, trouxe sementes de chá da Índia, que durante a viagem foram mantidas úmidas dentro de pão para preservá-las. Aqui chegando plantou-as, tornando Registro a capital do chá do Brasil até a década de 1980.

A Companhia Ultramarina de Desenvolvimento construiu ali quatro armazéns e um engenho de beneficiamento de arroz. Foi um marco da imigração japonesa no Brasil. Esteve em atividade desde 1922 até 1939, quando foi interrompido durante a Segunda Guerra Mundial e retornou a produzir após a guerra.

O conjunto arquitetônico formado pelos quatro armazéns foi tombado em 1987 pelo Conselho de Defesa do Patrimônio Histórico Arqueológico Artístico e Turístico do Estado de São Paulo.

No ano de 2002, após as restaurações foi entregue à cidade de Registro este símbolo da imigração japonesa no Brasil, onde se implantou um centro de formação de professores, museu do imigrante e anfiteatro, palco de eventos culturais. Em homenagens aos seus fundadores: Kaigai, Kabushiki, Kogyo e Kaisha, foi denominado o conjunto arquitetônico de KKKK.

Ressalte-se que três fazes foram marcantes para o município, iniciando com o cultivo de arroz, posteriormente produção de chá e atualmente com a bananicultura. No momento atual não só a produção de bananas se destaca como os seus derivados, com diversas receitas de doces, bolos e salgados. Além de suas fibras muito utilizadas nas confecções de artesanatos distribuídos no Brasil e até no exterior.

Ilha Comprida: teve sua fundação em 5 de março de 1992. Quando da chegada dos primeiros europeus, a viram como uma extensa faixa branca no mar em formato de ilha, pois a 500 anos atrás suas dunas ainda não eram vegetadas. Daí terem dado a ela o nome de Ilha Branca. É nela que se encontra a maior praia deste estuário, com 74 quilômetros de extensão.

Iguape: fundado em 3 de dezembro de 1538, pelo espanhol Rui Garcia de Mosquera, no bairro denominado Icapara. Teve na sua ocupação forte influência de moradores originários de Cananéia, conforme se nota nos dizeres grafados em obelisco da Praça da Basílica de Bom Jesus. Tem seu casario em estilo colonial, com grossas paredes de pedra e cal aglutinados com óleo de baleia. Com ruas estreitas, cujas calçadas são compostas de enormes blocos de pedras que com certeza foram ali colocadas por mãos escravas. Casarões e imponentes sobrados com beirais significativos, bem como suas janelas com os vidros expostos confirmam a opulência do período da mineração do ouro e posteriormente do cultivo do arroz.

Localiza-se às margens do Rio Ribeira, possuindo duas barras, a de Icapara e a da Ribeira, estando ali localizadas duas de suas praias mais frequentadas. Porém a mais emblemática é a praia da Juréia, que além de suas belezas naturais, faz parte da história religiosa da cidade, pois consta que foi nela que pescadores teriam encontrado a imagem do Senhor Bom Jesus.

A primeira casa de fundição de ouro no Brasil foi ali instalada em 1630 no edifício que hoje abriga o museu da cidade.

A Igreja de Nossa Senhora das Neves foi construída em 1537.

Deu-se início à construção da Basílica de Bom Jesus de Iguape em 1780, cujo término se deu em 1826.

A festa do Senhor Bom Jesus de Iguape é considerada um dos quatro maiores eventos religiosos católicos do Brasil.

O município de Iguape possui a maior área territorial do estado de São Paulo, com seus 1.980.916 km^2.

Em Iguape está concentrado o maior conjunto de casario tombado pelo Conselho de Defesa do Patrimônio Histórico Arqueológico Artístico e Turístico do Estado de São Paulo.

O Valo Grande, abertura de uma vala com quatro quilômetros de extensão e quatro metros e quarenta centímetros de largura, tornou a península em Ilha de Iguape.

Esses quatro quilômetros encurtavam em muito o percurso para o transporte do arroz, que, proveniente da Ribeira acima, destinava-se ao cais por onde seria exportado. Não se poderia imaginar que a erosão se incumbiria de alargá-lo, chegando hoje a mais de 200 metros de largura.

No ano de 1978, procedeu-se o fechamento do valo.

Um dos seus bairros mais distantes da sede do município, Subauma, teve sua origem com o nome de Nossa Senhora da Laje, pois a sua localização está de frente para uma pedra no meio do Mar Pequeno.

Aquele espaço entre Iguape e Cananéia necessitava ser povoado, para isso recebeu de Cananéia em 1765 seus moradores, não tão ilustres como denotam as qualificadoras contidas no *Livro do Tombo de*

Cananéia, conforme linguajar da época pessoas "sem eira nem beira" e outras que não possuíam domicílio certo.

Para aquele local foram: Vitório Cardoso com sua família; Salvador de Lima, casado; João Fernandes, casado, com dois filhos; Vitória da Silva, com três filhos e filhas; Caetana, viúva com cinco filhos, de mau procedimento; Pedro, irmão de Caetana, casado com filhos; Bernarda, solteira; Juliana, viúva com filhos, com muito mau procedimento dentro da vila; Luisa, que foi de Manuel Pires já defunto; Catarina, viúva com muitos filhos e todos vadios no Rio Itapitangui; Ana dos Ouros, com dois filhos ambos de mau procedimento; Hilária com sua filha Sebastiana e sua irmã Maria; Cosine Pinheiro, solteiro; Domingas, solteira, filha de Leandro de Lara, mal procedida; Maria, com três filhos e duas ou três filhas; Ana de Lemos, solteira, com um filho; Manoel Soares, solteiro, que foi de Pantaleão Pereira; Braz, que foi do defunto Antonio de Freitas, casado, com filhos e filhas; Frutuoso Teixeira, casado, com filhos; João da Silva, casado, morador por enquanto no Rocio; Inácia, filha de Francisca de Ramos, mal procedida; Salvador Pires, solteiro; Joana, solteira, filha de Manoel de Lemos, casado.

Com o passar dos anos o nome passou a ser Subauma, em alusão ao Rio Sabauna que deságua naquele local.

Cananéia (mata espessa e isolada): fundada em 12 de agosto de 1531, foi por onde o Brasil começou o processo de colonização. Teve início em 1502 quando Gaspar de Lemos ali deixou seus primeiros moradores de origem portuguesa. Souberam conviver com os nativos ao ponto de em 1531, quando Martim Afonso de Souza aportou em Cananéia, encontrou-os na presença de aproximadamente 200 pessoas mestiças e mil indígenas, convivendo harmoniosamente em sociedade.

Inicialmente esses dois brancos, Cosme Fernandes e Francisco Chaves, ocuparam o local denominado Boa Vista, na Ilha Branca (Ilha Comprida). Esse primeiro povoado chamou-se Marataiama. Pela localização, pode-se deduzir que fora escolhido estrategicamente, preocupados com a segurança, visto tratar-se de uma curva no mar, em que a visão de quem entra pela Barra de Cananéia não consegue visualizá-la.

No local existiam vários sambaquis, fonte de matéria-prima básica para construção. Era desses sambaquis que se extraiam suas conchas e em grandes fogueiras denominadas de caieiras eram queimadas se obtendo a cal, material necessário para a construção das residências.

Com o passar dos anos e com maior conhecimento da região descobriram-se nascentes de água potável no Morro de São João, razão pela qual decidiram por transferir o povoado para as margens do Rio Candairó, onde começou a ser construída a cidade de Cananéia.

Foi canalizada água do Morro de São João para um chafariz, onde hoje existe uma figueira centenária que mantém em seu interior aquela fonte onde se abasteciam de água os moradores do seu entorno.

Deve-se levar em conta que quase a totalidade dos municípios do Vale do Ribeira aderiu à bananicultura, explorando as suas fibras no artesanato o beneficiamento dos seus derivados como doces, bolos, tortas e salgados; a produção de palmito-pupunha para abastecer as indústrias regionais; a piscicultura; a criação de gado, principalmente a bufalina, cuja produção de queijos se destaca.

Guaraqueçaba (dormitório das garças): é a mais antiga cidade do estado do Paraná, fundada em 11 de março de 1545, carinhosamente conhecida como "Cidade Berço do Paraná" ou "Vovozinha do Paraná". Se não bastasse a data tão longeva, e se levarmos em consideração que o distrito de Ararapira teve a sua ocupação na primeira década de 1500, esse apelido se encaixa como uma luva.

Destaque para as Ilhas das Peças e Superagui, estas transformadas em parque nacional no ano de 1989.

Possui várias cachoeiras, sendo a mais importante o Salto do Morato, com seus 80 metros de queda livre.

Antonina: fundada em 12 de setembro de 1714, nome em homenagem ao Príncipe da Beira, Dom Antonio de Portugal, filho primogênito de D. João VI e de Dona Carlota Joaquina.

Teve sua pujança no início do século XIX, com a instalação do porto e seus armazéns.

Suas ilhas mais significativas são: Ilha das Rosas, Ilha do Lessa, Ilha do Goulart e Ilha Corisco.

No seu território estão cachoeiras como: Salto da Venda, Salto do Mergulhão e Salto do Cedro.

Morretes: fundado em 31 de outubro de 1733. Município ao pé da Serra da Graciosa. Possui acervo arquitetônico em estilo colonial, bem como ferroviário, pois passa ali a Estrada de Ferro que liga Paranaguá a Curitiba.

Essa estrada de ferro, orgulho da engenharia brasileira, foi inaugurada em 2 de fevereiro de 1885. Por estar encravada na montanha, consideravam muitos que era impossível a sua construção. Pelos picos e abismos a serem transpostos, foram necessárias escavações de 13 túneis e construções de 41 pontes, sendo a de São João a maior, com 113 metros de extensão, cruzando o Vale do Marumbi, sobre um abismo de 55 metros de profundidade, no local conhecido por Pico do Diabo e Garganta do Diabo.

O trajeto, quando feito no início do verão, é para ficar gravado na memória, pois são túneis, pontes, inúmeras cachoeiras, despenhadeiros de tirar o fôlego, cruzando rios e riachos, e tudo isso dentro de taludes que mais parecem um jardim formado por canteiros de hortênsias.

Morretes tem no Rio Nhundiaquara sua grande atração turística, pois nas suas corredeiras se praticam várias modalidades de esportes de aventura como canoagem e boia cross.

Vale lembrar que em Morretes nasceu o prato típico do Paraná, o "barreado".

Esse prato teve origem no carnaval, que então denominava-se "entrudo". As pessoas se envolviam na folia de tal forma que esqueciam que no dia seguinte a vida continuava e que era necessário abastecer o estômago. No dia seguinte, com a ressaca vinham acompanhadas a fome e a falta de disposição para preparar o alimento.

Foi então que os foliões tiveram a ideia de preparar com antecedência a comida do dia seguinte. Temperam-se carnes diversas e acondicionam-se em panela de barro, com água suficiente para o cozimento, tampando-se e em seguida vedando-se com barro. Dado início à cocção, restava pouco o que fazer, senão manter o fogo aceso durante toda a noite. Para isso, de vez em quando alguém era indicado para acrescentar mais um tição ao braseiro.

No dia seguinte, a carne estava exageradamente cozida ao ponto de desfiar-se, bastava então preparar arroz e acrescentar farinha de mandioca acompanhando banana, fruto abundante na região.

Ao ser servido, a tradição exige que se extraia parte do caldo em um prato acrescido de farinha de mandioca e se faça um teste, para se ter certeza de que a iguaria foi devidamente preparada. Eleva-se o prato de boca para baixo, acima da cabeça do cliente, e se o conteúdo permanecer aderido ao prato, está no ponto de ser saboreado.

Paranaguá (grande mar): fundado em 29 de julho de 1648 por Gabriel de Lara.

A expedição que partiu de Cananéia no ano de 1614, em busca de ouro existente nos rios que desembocam na Baia de Paranaguá, foi chefiada por Eliodoro Ébano Pereira, com seu filho Gibaldo Ébano Pereira e comitiva. Dessa expedição também participou Sebastião de Azeredo, que ali se estabeleceu e instalou a primeira fundição de ouro e posteriormente a quintagem do ouro. Paranaguá tornou-se a maior cidade desse estuário, sendo atualmente o segundo porto em movimentação de contêineres do Brasil.

Possui diversas ilhas, sendo a mais importante a Ilha do Mel, onde foi instalado o Forte de Nossa Senhora dos Prazeres. Uma de suas ilhas é também bairro, a Ilha de Valadares, ligada a Paranaguá por passarela. Nela se mantêm vivas a tradição do fandango e a culinária caiçara, em que se pode também degustar o barreado.

A Ilha das Cobras é importante não pelas suas dimensões, pois é uma das menores, mas sim pelo seu passado, quando foi reformatório de menores infratores e atualmente após reforma de suas instalações transformou-se na "Casa de Veraneio do Governador do Estado do Paraná".

Capítulo VII

UM POUCO DE HISTÓRIA

Cristóvão Colombo, nascido em Gênova, Itália, em 22 de agosto de 1451, foi patrocinado pelos banqueiros genoveses e pelos Reis Católicos da Espanha, Fernando II de Aragão e Isabel de Castela, para pôr em prática o projeto de uma expedição audaciosa e perigosa, pois a sua intuição afirmava haver outras terras além do Oceano Atlântico. A sua expedição era composta de três caravelas: *Pinta*, *Nina* e *Santa Maria*. Aos 41 anos de idade, teve início a sua aventura em 3 de agosto de 1492, partindo do Porto de Palos, na Espanha. Aportou no continente americano nas Bahamas, San Salvador, em 12 de outubro daquele ano. Na condição de Vice-Rei, cuja outorga fora lhe dada pela Coroa Espanhola, tomou posse da Ilha de San Domingos e de outras da nova terra em nome da Espanha.

Foi então que duas das maiores potências da navegação, Portugal e Espanha, decidiram por dividir o mundo entre elas, preterindo as demais nações. Estabeleceram limites para as próximas aventuras em busca de descobrir novas terras, num tratado assinado na cidade de Tordesilhas, na Espanha, na data de 7 de junho de 1494.

As demais nações reagiram negativamente. Daí manifestações diversas de inconformismo como aquela de Francisco I, rei da França. "O Sol nasce para todos, assim como para mim. Gostaria de saber qual a cláusula do testamento de Adão que me excluiu dessa partilha".

Por ordem de D. Manoel, "O Venturoso", Pedro Álvares Cabral, nascido no Castelo de Belmonte, na Beira Baixa, Portugal, no ano de 1467, fez a viagem que deu origem ao descobrimento do Brasil. Partiu de Lisboa no dia 9 de março de 1500, com destino às Índias, comandando uma das naus que compunha a maior esquadra então organizada, cujo total era de 13 embarcações e 1.500 homens, conforme demonstrarei a seguir com os seus nomes e respectivos comandantes:

I – Nau *Capitânia D. Manoel* – Comandante: Pedro Álvares Cabral;

II – Nau *Sota* – Capitânia El Rei – Comandante: Sancho de Tovar;

III – Nau *Papa Nicolau V* – Comandante: Nicolau Coelho;

IV – Nau *Espírito Santo* – Comandante: Simão Miranda;

V – Nau *Santa Cruz* – Comandante: Aires da Silva;

VI – Nau *El Sol* – Comandante: Simão de Pina;

VII – Nau *Vitória* – Comandante: Vasco de Ataíde;

VIII – Nau *Del Rei* – Comandante: Diogo Dias;

IX – Nau *São Vicente* – Comandante: Luiz Pires;

X – Nau *Esperança* (alimentos) – Comandante: Gaspar de Lemos;

XI – Caravela *Santo Antonio* – Comandante: Bartolomeu Dias;

XII – Caravela *São Pedro* – Comandante: Pero de Ataíde;

XIII – Caravela *Anunciação* – Comandante: Nuno Leitão.

No dia 22 de março, a esquadra se encontrava nas cercanias das Ilhas Canárias. Ao amanhecer do dia seguinte, nas proximidades da Ilha São Nicolau, deu-se conta do misterioso desaparecimento da nau *Vitória*, comandada por Vasco de Ataíde.

Efetuadas as buscas, foi impossível a localização daquela embarcação e então prosseguiram viagem.

As 12 embarcações chegaram à costa da Bahia no dia 22 de abril, onde permaneceram até o dia 1° de maio, quando prosseguiram viagem com destino às Índias.

Nessa estada, procurou-se por todas as formas estabelecer comunicação com os nativos. Houve troca de presentes. Nativos foram levados às embarcações com o objetivo de sondar-lhes o comportamento. O contrário também se procedeu, enviando brancos a conviverem com os nativos. Havia complacência por parte dos nativos em recebê-los e permanecerem em convívio durante o dia, porém não permitiam sua permanência após o entardecer, quando obrigatoriamente eram mandados de volta.

Nos preparativos para celebração da missa, algo de notório aconteceu. Os indígenas, vendo os carpinteiros envolvidos na construção de uma cruz, aproximaram-se com tanta curiosidade que a primeira vista pareceu que sabiam do seu significado e da sua importância no que tange ao contexto espiritual. Porém, o que os impeliam eram os cortes feitos com facilidade e precisão na madeira, com aqueles instrumentos de metais, os quais até então desconheciam.

A cruz foi concluída e erguida no dia 26 de abril. O Frei Henrique Soares, que era natural da cidade de Coimbra, Portugal, contando naquele momento com 35 anos de idade, celebrou a primeira missa no Brasil.

Quanto ao ouro tão cobiçado, os nativos sabiam da sua existência e onde encontrá-lo, porém, não lhes despertava interesse.

Diferente da situação encontrada pelos espanhóis, pois encontraram um povo que conhecia a medicina, o direito, a astronomia, teciam, dominavam o conhecimento de engenharia, fundiam os metais. Nesse caso, somente bastou encontrar um ardil para se apoderar do ouro que os maias, os astecas ou incas possuíam.

Para Portugal, não era auspicioso investir em algo que para obter vantagem teriam que garimpar. Ou cultivar a terra que "nela se plantando tudo dá", mas que para isso teria que esperar um ciclo completo para então colher os frutos.

Durante nove dias, a frota de Cabral ali permaneceu no lugar por todos conhecidos que é Porto Seguro. Foram diversas incursões pela terra, adentraram enseadas e rios, observaram fauna e flora, os peixes, mariscos e crustáceos. Com relação aos nativos, as impressões deixadas por eles foram as melhores possíveis: porte físico, bons traços faciais, robustez, cor da pele, a nudez e ausência total de pudor por isso, adornos, alimentação e principalmente o esmero na higiene corporal. Dessa intensa observação em seus mínimos detalhes foram anotados e relatados ao Rei D. Manoel, pelo escrivão da frota, Pero Vaz de Caminha.

Houve muita dificuldade para o entendimento entre os portugueses e os nativos, para isso houve debates entre os comandantes de todas as 12 embarcações, o que fazer para que em um próximo contato pudessem tirar melhor proveito. Uma das sugestões foi levar mesmo que à força algum nativo para Portugal, para ele ensinar sua língua. Por fim, optou-se por deixar dois prisioneiros entre os nativos que com certeza aprenderiam sua língua, para serem intérpretes em novos encontros.

Ao partirem para as Índias, deixaram dois degredados, porém sem que soubessem mais dois desertaram espontaneamente. Dos quatro portugueses deixados em Porto Seguro, Bahia, nunca se teve notícias.

Os alimentos da Nau *Esperança* foram distribuídos pelas demais embarcações. No dia 1° de maio, a esquadra parte para as Índias, agora num total de 11 embarcações, visto que Gaspar de Lemos conduz a Nau *Esperança* com destino a Portugal, onde irá entregar a carta de Pero Vaz de Caminha ao Rei D. Manoel, contendo as informações sobre o descobrimento da Terra de Santa Cruz.

Gaspar de Lemos, que retornou a Portugal antes de Pedro Álvares Cabral, não demora a tornar ao Brasil. Partiu de Lisboa no dia 10 de maio de 1501, vindo a aportar em Cananéia, onde permaneceu até 7 de setembro de 1502. Ao retornar para Portugal deixou o Marco da Posse (padrão) em um promontório na Ilha de Itacoatiara (pedras furadas e coloridas), hoje Ilha do Cardoso. Além do marco ficaram dois degredados, Cosme Fernandes e Francisco Chaves, que deram início ao primeiro povoado do Brasil, Cananéia.

No ano de 1502, o cartógrafo português Alberto Cantino desenha o mapa da Ilha de Vera Cruz, considerado o mais importante documento cartográfico da nova terra.

Em 10 de junho de 1503, parte do Rio Tejo em Lisboa a última expedição exploradora, composta de seis embarcações e comandada por Gonçalo Coelho, tendo como imediato o cartógrafo florentino Américo Vespúcio, cuja incumbência era mapear o Brasil, e que teve seus trabalhos iniciados pelo Nordeste, não estando em Cananéia com Gonçalo Coelho.

Nessa estada na nova terra, um dos mais importantes feitos de Américo Vespúcio foi a construção de uma fortaleza em Cabo Frio, onde foram deixados 24 homens para sua manutenção e dos quais não restaram vestígios. Américo Vespúcio somente retorna a Lisboa no dia 18 de junho de 1504.

Após o retorno da expedição de Gonçalo Coelho, os portugueses deixaram de frequentar o Brasil, explorar e manter sua posse, o que não aconteceu com aquelas nações que foram preteridas no acordo de 1494. Era frequente a presença de holandeses, ingleses, franceses e castelhanos na costa brasileira, de onde levavam para a Europa tudo que podiam transportar, principalmente ibirapitanga (pau-Brasil), que ganhou importância nas tecelagens, pois com ele obtinha-se com facilidade a cor púrpura, tão utilizada nas vestimentas dos nobres.

Essas notícias traziam desconforto a Portugal, que reagiu enviando a primeira Expedição Guarda Costa comandada por Cristóvão Jaques em 1516, sem ter êxito devido à grande extensão da costa do Brasil.

Passados dez anos, nova expedição fora organizada tentando expulsar os invasores do Brasil, também chefiada por Cristóvão Jaques, e novamente sem sucesso.

Definitivamente em 3 de dezembro de 1530, parte de Lisboa Martim Afonso de Souza numa expedição incumbida de expulsar os invasores desde a Ilha da Madeira, do litoral brasileiro, e dar início à colonização da nova terra.

Capítulo VIII

A COBIÇA PELO OURO

Foram muitas as expedições que partiram em busca de fortunas imaginárias e outras verdadeiras. Algumas vindas diretamente da Europa, outras organizadas em algum ponto da América, adentrando no continente.

Não se tratava de descobrir jazidas de ouro ou prata e iniciar um garimpo, mas sim se apossar desses minérios já manipulados. Para isso, pouco se valorizava a vida do seu detentor, sendo subtraído a qualquer custo. Foi prática comum principalmente naqueles povos que foram contatados e dominados pela Espanha, como asteca, maias e incas.

Corria a notícia trazida pelos Guaranis, intermediários entre o litoral do Oceano Atlântico e a Cordilheira dos Andes, que seguindo por uma longa trilha, atingiria Potosi, uma montanha de prata sobre a qual reinava o poderoso Ayuana Capac. E se prosseguisse nessa trilha alcançaria Cusco, onde vivia o todo poderoso Atahualpa.

Sabia-se que partindo da trilha principal havia vários ramais, e alguns deles atingiam o litoral dessa terra recém-descoberta, como era o caso da estrada do Canha em Cananéia e também em Santa Catarina. Outra forma era seguir o curso d'água, como o Rio da Prata até atingir um ramal que levaria ao Peabiru.

O idealizador de um projeto audacioso de construir um caminho para se estabelecer uma ligação do Oceano Pacífico com o Oceano Atlântico obteve êxito. Construiu uma trilha que saía do Peru, cruzava a Cordilheira dos Andes, passando pela Colômbia, Paraguai, Mato

Grosso do Sul, pelo estado de São Paulo, passava pelo município de Sorocaba e depois São Paulo, terminando no litoral, em São Vicente. A essa trilha dava-se o nome de Peabiru, que alguns autores traduzem por Caminho do Peru.

Álvar Nunes (Cabeça de Vaca) comandou várias expedições exploradoras pelo interior do continente sul-americano. Tendo em uma delas descido o Rio Maraño, partindo do Peru até a foz do Amazonas, acompanhado por 400 homens.

Juan Dias de Solis comandou duas expedições, a primeira entre 1512 e 1513.

A segunda partiu da Espanha em 8 de outubro de 1515, naufragando nas proximidades da Ilha de Meembipe, tendo morrido. Sobreviveram alguns integrantes, entre eles Aleixo Garcia, que mais tarde se aventuraria, agora no comando de uma expedição.

Sebastião Caboto comandou uma expedição, que em 25 de novembro de 1515 se encontrava na Ilha de Meembipe, data do aniversário da sua esposa, Catarina, e por esse motivo batizou aquele lugar por Ilha de Santa Catarina.

Aleixo Garcia comandou uma importante expedição por ele organizada em busca do Peabiru. Partiu no verão de 1524, com um grupo de 2 mil homens, sendo a maioria indígenas e dele tendo participado Francisco Chaves, um dos dois degredados deixados em Cananéia por Gaspar de Lemos em 1502. Primeiramente percorreu o curso do Rio da Prata na Argentina, para então seguir por um dos ramais até atingir o Peabiru.

A expedição foi bem-sucedida, pois se aproximou de Potosi, e que certamente por saques praticados por onde passaram, trouxeram uma grande quantidade de ouro e prata. Porém, no retorno, a expedição fora atacada, tendo sucumbido o seu comandante Aleixo Garcia.

Quando da estada de Martim Afonso de Souza em Cananéia em 1531, **Francisco Chaves** apresentou fortes argumentos para uma nova investida em busca de ouro, agora partindo do Brasil. Expôs as amostras dos minérios (ouro e prata) partilhadas entre os participantes da Expedição de Aleixo Garcia. Sugeriu que se lhe apresentassem um grupo de 80 homens armados, com os quais percorreria as trilhas por ele conhecidas e após cerca de dez meses retornariam com 400 escravos carregando aqueles metais.

A expedição foi organizada por Martim Afonso de Souza, armando 40 homens com espingardas e outros 40 com bestas, dela participando o seu idealizador Francisco Chaves, sob o comando de Pero Lobo.

Partiu no dia 1° de setembro de 1531, mas nunca se soube do paradeiro do grupo. Não há fonte segura para se afirmar o que teria ocorrido com o grupo de aventureiros.

Capítulo IX

NÁUFRAGOS — DESERTORES E DEGREDADOS — COMO SOBREVIVER

Tarefa impossível de se cumprir foi a contagem de quantas pessoas foram degredadas, ou foram vítimas de naufrágios na costa do Brasil, ou espontaneamente decidiram ficar, tentados que foram a viver com fartura nessa nova terra e tendo a oportunidade de permanecer em liberdade quando se tratava de prisioneiro. O que se sabe é que uma tripulação que partia originalmente com tantos homens não seria a mesma quando do seu retorno, pois muitos desertavam na nova terra promissora.

A maioria das expedições partia sob a bandeira dos Templários e por consequência levava sempre um padre ou outro representante da Ordem de Cristo. Também fazia parte de todas as expedições pessoas que cumpriam penas.

Por motivos óbvios, ao se aproximarem de um lugar desconhecido, sem saber de que forma seriam recebidos, era salutar que os comandantes e pessoas próximas fossem preservados, não seria prudente desembarcarem sem antes se fazer sondagem da índole e do comportamento dos anfitriões. Para isso determinava-se que desembarcassem primeiramente os prisioneiros.

Os navios eram mantidos em distância segura, e para terra as pessoas deslocavam-se em pequenos barcos ou esquifes. Somente ao retornarem às naus é que estaria liberado o desembarque dos demais tripulantes.

Quando da expedição de Pedro Álvares Cabral, essas regras foram cumpridas. Por diversas vezes o prisioneiro Afonso Ribeiro foi designado para permanecer entre os nativos por todo tempo possível, porém ao entardecer era sempre forçado a retornar à nau.

Em certa ocasião, Afonso Ribeiro foi acompanhado de outro prisioneiro, permanecendo na oca até o anoitecer, quando foram forçados a retornar. Todavia, puderam constatar de que material eram feitas aquelas habitações, quais foram as dimensões e de que forma se construíam. Soube-se de que maneira era distribuído o espaço interno para as famílias. Qual era o sistema de aquecimento que utilizavam. Quais alimentos consumiam e a forma de preparo: cozido, assado e moqueado.

Em 1° de maio de 1500, ao partir, prosseguindo em sua viagem a Calicute, Cabral ordenou que ficassem em terra os prisioneiros Afonso Ribeiro e outro cujo nome não foi declinado. Porém, constatou-se mais tarde que mais dois tripulantes haviam fugido da nau para juntar-se aos dois já mencionados.

Gaspar de Lemos, na expedição de 1501, que permaneceu na região de Cananéia, ao partir em 7 de setembro de 1502, teria deixado além do Marco da Posse (padrão), os degredados Cosme Fernandes e Francisco Chaves, que deram início ao povoamento do Brasil.

O florentino Américo Vespúcio, em expedição composta de seis navios, comandada por Gonçalo Coelho, cuja partida se deu no Tejo em maio de 1503, teve por mérito a construção de uma fortificação em Cabo Frio. Lá ao partir deixou 24 homens a tomarem conta, dos quais jamais se teve notícias.

Sobre os náufragos, quantos seriam? Quais seriam suas nacionalidades?

Efetivamente João Ramalho, que vivia no planalto de Piratininga entre os tupiniquins há cerca de 15 anos, encontrou-se com Martim Afonso de Souza em 1532 em São Vicente. Foi de fundamental importância na aproximação dos europeus trazidos por Martim Afonso de Souza e os indígenas. Era pessoa respeitadíssima pelos nativos, vindo a fazer parte da história de São Paulo de Piratininga, por ter auxiliado o padre Manoel da Nóbrega na sua fundação, bem como por ser considerado o fundador da cidade de Santo André da Borda do Campo, sendo mais tarde prefeito e vereador desse município.

Outro sobrevivente foi Diogo Álvares Correia, encontrado na Bahia.

Já em São Vicente, Martim Afonso de Souza encontrou 12 famílias de castelhanos, o que não se pode afirmar tratar-se de náufragos, desertores ou degredados.

Dos náufragos, merece destaque para o alemão Hans Staden, quando da sua segunda viagem ao Brasil naufragou e foi aprisionado pelos Tupinambás nas proximidades de Bertioga, permanecendo ali por nove meses até ser resgatado e levado para a Europa.

Nessa estada forçada pôde constatar de que forma viviam, seus costumes, suas crenças. O que comiam e de que forma eram preparados esses alimentos.

Nas pescarias, pôde registrar que dependendo da espécie a ser capturada empregava-se arco e flecha e arpão, neste caso se o peixe fosse avantajado como os cações, que exigia que o pescador fosse também um bom mergulhador para resgatar a presa ferida.

Causa surpresa saber que naquela época já praticassem a pescaria utilizando-se de redes, cujo material de confecção era a fibra de tucum.

Uma forma muito prática de pescar era o promombó, cujo pescador em sua piroga montava uma paliçada, e em noite sem luar aproximava-se dos cardumes, fazendo um barulho repentino ao mesmo tempo que provocava onda e acendia um facho de luz, fazendo com que os peixes saltassem chocando-se contra a paliçada e caindo dentro da embarcação.

Seus rascunhos feitos a carvão puderam identificar diversos animais de nossa fauna. Presenciou a prática de antropofagia, que sempre era precedido de ritual.

Desenhou o moquém e descreveu o ritual que antecedia essa barbárie. Na hora do banquete, havia a hierarquia na distribuição das porções das carnes. Ficando claro que havia distinção do que era servido para o cacique, para os guerreiros e para o pajé, com que partes do moqueado serviam-se as crianças e mulheres.

Pode-se imaginar a angústia vivida por ele, sabendo que em algum momento poderia ser ele a ser servido grelhado.

Constatou, todavia, que bem poderia estar fora desse cardápio, pois não era o apetite pela carne que prevalecia e sim a astúcia, valentia e coragem do inimigo, cujo consumo de sua carne acreditavam estar transmitindo essas qualidades a quem consumia.

Como nenhum daqueles atributos poderiam lhes caber, de certa forma era um alívio naquela espera angustiante por uma alma generosa que o tirasse dali. Para isso valia-se de sua fé e da prática de orações diárias.

Como sobreviver um náufrago, desertor ou degredado em meio a um povo que raramente era pacífico, como aqueles encontrados por Cabral na Bahia ou esses Carijós da região de Cananéia.

Certamente, mais que ser forte era necessário ser astuto, para na hora certa se livrar dos percalços que a eles se impunham, como fez Hans Staden fazendo-se passar por francês, pois notou que aquela tribo mantinha boas relações com povos daquela nacionalidade.

Ou transformando-se em curandeiro, quando a ocasião o permitia, como o fez para socorrer o filho de pessoa importante da tribo. E com isso conseguindo protelar a sua execução.

Mas o que mais se praticou para garantir a continuidade da vida por um náufrago, degredado ou desertor foi a aproximação com pessoa muito íntima do cacique, como exemplo, a sua filha. Assim sobreviveu Diogo Álvares Correa, casando-se com Paraguaçu, filha do cacique Taparica; o mesmo aconteceu com João Ramalho, que desposou Bartira, filha do cacique Tibiriçá.

Em Cananéia, Francisco Chaves contraria essa regra, pois casou-se com a filha do "Bacharel" Cosme Fernandes, porém este havia se garantido casando com a filha do cacique e por sua astúcia assumiu o domínio de toda a região.

Cosme Fernandes, "o Bacharel", é criatura enigmática da qual pouco se sabe. Quem foi, qual era a sua origem, qual crime cometera para terem-no submetido ao degredo.

Uma coisa é certa, era pessoa dotada de grande perspicácia, muita determinação e audácia. Não teria deixado herdeiros, apenas algumas marcas como o Porto Bacharel em Cananéia e o Porto das Naus, "Porto do Bacharél" em São Vicente.

Assim, durante cerca de 29 anos Cosme Fernandes, até a chegada do colonizador Martim Afonso de Souza em 1531, teve o domínio de todo o estuário, além da costa norte até São Vicente. Negociou com todos que por ali aportavam, quer franceses, castelhanos e outros. Desse jogo de cintura pode-se imaginar que tenha aprendido a língua tupi e dessa forma podia contar sempre com o apoio de cerca de mil indígenas para um confronto armado se assim fosse necessário.

Isso acabou por acontecer quando da Guerra de Iguape em 1536, em que Cosme Fernandes aprisionou um navio francês e com ele pôde atacar a Vila de São Vicente, onde a maior parte da população foi dizimada.

Portanto, desde o seu degredo em 1502 até 1536, mesmo com o Brasil em processo de colonização, a sua presença ainda era marcante.

Capítulo X

PADRES JESUÍTAS NO BRASIL

Pero Vaz de Caminha, em um trecho de sua carta ao rei D. Manoel, revela que aqueles indivíduos ali encontrados, levando-se em conta a docilidade e curiosidades em torno das cerimônias religiosas ali levadas a efeito, estariam prontos para serem catequizados e levadas a cultuarem a fé cristã.

> "E segundo que a mim e a todos pareceu, esta gente não lhes falece outra coisa para ser toda cristã, senão entender-nos, porque assim tomavam aquilo que nos viam fazer, como nós mesmos, por onde nos pareceu que nenhuma idolatria, nem adoração têm. E bem creio que se Vossa Alteza mandar quem entre eles mais devagar ande, que todos serão tornados ao desejo de Vossa Alteza. E por isso, se alguém vier, não deixe de vir clérico para batizá-los, porque já então terão mais conhecimento de nossa fé, pelos dois degredados, que aqui entre eles ficam, os quais, ambos, hoje, também comungaram".

Diante do forte interesse do reino português em propagar a fé cristã entre os novos povos descobertos, isso começou a ser colocado em prática quando da assunção do Governo Geral do Brasil por Tomé de Souza.

Na sua expedição que chegou à Baia de Todos os Santos em 29 de março de 1549, veio o Padre Manoel da Nóbrega, natural de

Sanfins do Douro, Portugal, com 32 anos de idade, chefiando os primeiros padres jesuítas: Antonio Peres, João Azpilcueta Navarro, Diogo Jacome, Leonardo Nunes e Vicente Rodrigues.

Mais tarde, eles vão para São Vicente e, posteriormente, sobem o planalto de Piratininga, onde dão início no pátio do Colégio à construção de São Paulo, auxiliado por João Ramalho, que ali vivia há muitos anos entre os tupiniquins, tendo domínio da língua tupi e sendo o elo de comunicação entre os brancos e os nativos.

Já no ano de 1554, auxiliado pelo Padre José de Anchieta, João Ramalho foi decisivo na pacificação dos Tamoios e Tupinambás, no levante armado que estava prestes a ser deflagrado contra os brancos que ocupavam o litoral, bem como o Planalto de Piratininga.

Desses primeiros padres vindos com Tomé de Souza, destaca-se **Leonardo Nunes**, nascido na Vila de São Vicente da Beira, Guarda, Portugal, em 21 de setembro de 1509, que logo após a sua chegada na Bahia veio para São Vicente em companhia do padre Diogo Jacome.

Dirigiu-se ao local, hoje cidade de Peruíbe, onde construiu a Capela da Conceição de Nossa Senhora em 1550. Trata-se de um dos primeiros templos católicos construídos no país. Seu estilo de construção denota a preocupação pela segurança, pois tinha as características de um forte propriamente dito. Ficou conhecido como "Forte de Abarebebé".

Leonardo Nunes contava com duas características que o tornavam singular: sua voz melodiosa, que ao entoar os cânticos religiosos, favorecia a aproximação dos indígenas, cujo objetivo era catequizá-los. Além disso, sua intrepidez impressionou os nativos, os quais lhes deram o apelido de **Abarebebé** (padre voador), pois numa terra sem estradas definidas, o padre ora se encontrava em São Vicente, ora em Piratininga, ora em Bertioga, Ubatuba, Cananéia, Ararapira, onde se pode encontrar vestígios de sua habitação (Tapera do Padre), esteve em Desterro, na Ilha de Santa Catarina, e chegando até mesmo em Laguna, no sul daquele estado.

Após a chegada do noviço José de Anchieta em 1553, nesse mesmo ano ambos vieram para a região de Cananéia, onde deram início à construção da Igreja de São João Batista de Cananéia.

Nesse período, fixou residência no maior aldeamento de nativos Carijós no lugar então pertencente a Cananéia, denominado Ararapira. Lá se encontram vestígios de sua permanência, no sítio conhecido por "Tapera do Padre", às margens do Rio do Padre.

A igreja de São João Batista de Cananéia seguia o estilo de um forte, com grossas paredes de pedra e cal, com suas seteiras, principalmente na lateral de frente para o mar, que permitiria em caso de um ataque a vila, sua defesa se efetuaria do lado de dentro.

Em meados de 1554, partiu Leonardo Nunes com destino à Europa, onde relataria as feitorias no Brasil ao rei D. João III, bem como ao Clero D. Inácio de Loyola. Porém em 30 de junho daquele ano, o navio em que viajava naufragou ocasionando a sua morte.

A Igreja de São João Batista de Cananéia chegou a termo no ano de 1557.

Foto III - Lateral da Igreja de São João Batista em Cananéia

O Padre José de Anchieta nasceu em San Cristobal de Laguna, na Ilha de Tenerife, nas Canárias, Espanha, 19 de março de 1534. Em 1548 foi estudar em Coimbra e em 13 de julho de 1553 chegou à Bahia, ainda na condição de noviço. Foi decisivo na pacificação dos Tamoios, tendo para isso que enfrentar uma viagem de 13 dias sob tempestade de Bertioga a Iperoig (Ubatuba) na companhia do Padre Manoel da Nóbrega, via oceano. Após a chegada, já na presença do Cunhambebe, se propôs a permanecer refém até que fosse negociado um acordo de paz. Essa negociação ultrapassou os cinco meses, período em que imaginamos que tenha escrito o poema "Virgem Maria" e peças de teatro depois apresentadas nas aldeias.

No ano de 1550, chegaram à Bahia os padres Manoel Paiva, Salvador Rodrigues, Francisco Pires e Afonso Braz.

Em 1554, havia, no Brasil, um total de 26 padres jesuítas.

Esses padres foram de grande importância no início da colonização do Brasil, pois, além de difundir a fé cristã aos nativos, aprenderam a língua tupi, dominante no litoral. Com esse conhecimento podiam ministrar aulas nesse idioma aos filhos dos colonos. Assim, até o ano de 1759 no Brasil falavam-se português e tupi. Por determinação de José de Carvalho Melo (Marques de Pombal), todos os padres jesuítas de todas as colônias portuguesas pelo mundo foram obrigados a retornar ao país de origem, e o Brasil perdeu a sua segunda língua.

Pode parecer exagero, mas conhecimento nunca é demais. Se dominássemos a língua tupi, não ficaríamos a forçar nossa imaginação toda vez que nos deparamos com palavras como Anhangabaú, Pindamonhangaba, Itaquaquecetuba e tantas outras denominando acidentes geográficos até cidades como Iguape = enseada do rio, ou Mairiporã = cidade bonita.

Tradução:

Anhangabaú = vale do demônio

Pindamonhangaba = lugar onde preparar varas de pescar

Itaquaquecetuba = rio abundante em taquaras de fazer facas.

Capítulo XI

CONFEDERAÇÃO DOS TAMOIOS

Os tamoios eram nativos desta terra, que de maneira natural sabiam até onde iam seus domínios em relação às outras aldeias, sem a necessidade de cercas, apenas orientados pelas montanhas e rios. Podemos imaginar qual teria sido a reação ao verem a chegada de grandes navios carregados de pessoas dispostas a ocupar suas terras.

A partir de 1500, começava a convivência do nativo com o homem branco, porém de uma forma tranquila, pois os poucos que aqui ficaram tiveram que se submeter aos costumes dos locais, portanto não representavam para eles uma ameaça aos seus domínios. Essa adaptação a história está ai como testemunha para nos contar. Todos os forasteiros procuram meios de aproximação com as pessoas mais influentes para ter garantia de sua sobrevivência e prestígio. Assim foi com João Ramalho no Planalto de Piratininga, ao se aproximar de Bartira, com quem se casou, que era filha do cacique; semelhante situação ocorre com Diogo Álvares Correa (Caramuru) na Bahia, cujo casamento se deu com Paraguaçu, filha de cacique; em Cananéia, Cosme Fernandes (Bacharel) também se casou com a filha do cacique; quanto a Francisco Chaves, casou-se com a filha do seu companheiro de degredo, o Bacharel.

Com a chegada do colonizador Martim Afonso de Souza em 1531, tudo muda. São cinco grandes barcos chegando com homens fortemente armados e 400 colonos com seus instrumentos de campo, mudas, sementes e animais domésticos desconhecidos para os nativos. A mudança foi abrupta, pois esses brancos iniciaram a derrubada das árvores, desrespeitando as margens de rios, cachoeira e nascentes, efetuando queimadas, tornando grandes áreas abertas para o plantio e a criação de gado. Começava a demarcação de terras, construção de casas e engenhos de açúcar. Foi como que alguém chegar na sua casa e dizer para sair porque a partir de agora há outro dono.

Deu-se início à caça aos nativos, pois se achava que ali estava a mão de obra barata e farta. Eles não se submetiam a esses trabalhos forçados e por isso eram mortos. As mulheres indígenas e suas filhas eram violentadas sexualmente.

Foram 21 anos de angústia e revolta por todo contingente de nativos do litoral brasileiro, ao mesmo tempo que eles, que habitavam o planalto também, já sentiam essa invasão, pois a Vila de Piratininga se formava nas proximidades da Vila de Santo André.

Para agravar ainda mais a situação, no dia 9 de março de 1549 a expedição de Tomé de Souza chega à Bahia, trazendo cerca de mil homens.

Com Tomé de Souza vieram os primeiros padres jesuítas: João Azpilcueta Navarro, Leonardo Nunes, Antonio Peres, Diogo Jacome e Vicente Rodrigues, chefiados pelo padre Manoel da Nóbrega, este nascido aos 18 de outubro de 1517 em Sanfins do Douro em Portugal, e cujas atitudes futuras seriam decisivas quando da negociação com os Tamoios para que não ocorresse o ataque aos novos ocupantes do território brasileiro.

Com a chegada desse contingente de brancos, a tolerância dos nativos em conviver com todas aquelas adversidades esgotou-se. Foi então que as lideranças dos povos indígenas do litoral se reuniram em Iperoig (Ubatuba-SP), estabelecendo-se que esse estado de coisas não mais poderia perdurar. E para isso engendrou-se um plano de ataque a todos os invasores por terra e por mar, de forma que só teria fim quando o último branco estivesse morto. Esse movimento e preparo para o ataque se deram no ano de 1552, e recebeu o nome de Confederação dos Tamoios.

Nesse momento, o padre Manoel da Nóbrega recomendou a vinda do noviço José de Anchieta, natural das Ilhas Canárias (Tenerife), contando naquele ano de 1553 com apenas 19 anos de idade. Com a chegada de José de Anchieta, Nóbrega recebe o grande reforço de coragem e espírito, necessários para encarar a árdua jornada até Iperoig e a difícil negociação com a liderança dos Tamoios.

Com José de Anchieta, o padre Manoel da Nóbrega planejou a improvável viagem por mar, partindo de Bertioga com destino a Iperoig. Foi lhes oferecido guerreiros para acompanhá-los naquela empreitada, porém foram rejeitados, alegando padre Manoel da Nóbrega que naquela missão, além deles, somente o crucifixo. Remaram por 13 dias, enfrentaram tempestades, mas chegaram ao destino. Encontraram os caciques em mais uma reunião para tratar do assunto que mais os afligia. Houve a recepção aos padres e o compromisso que somente voltaria ao planalto Manoel da Nóbrega, ficando refém José de Anchieta.

Dado o devido tempo para as negociações, finalmente, após cinco meses, foi celebrado o tratado de paz com o Cunhambebe Aimberê, resgatando-se José de Anchieta.

Capítulo XII

SAMBAQUIS

São encontrados em ilhas, em margem de rio ou braço de mar, e até mesmo em área continental, distante quilômetros do oceano, onde somente conseguimos admitir a sua presença levando em conta que o oceano recuou mais de 30 metros de altura.

Há variação no seu formato, na composição, extensão e altura, recebendo a denominação de casqueiro, concheiro, berbigueiro e conchal.

Em período longínquo, muitas destas ilhas estiveram submersas, parcial ou totalmente no oceano. Também esteve sujeita a inundações boa parte do continente.

Por força de grandes correntes marítimas, como maremotos e ressacas, houve a remoção das camadas mais profundas do oceano e mares, carreando para determinados pontos da costa grande quantidade de moluscos como vieiras, ostras, mexilhões, ameijoas, búzios, sernambis e principalmente berbigões, visto que em certos casos sua denominação é berbigueira devido à predominância desse marisco.

Podem ser encontrados em determinados sambaquis ossos de peixes e animais diversos, tais como baleia, cujas costelas em muitos casos ainda estão ligadas às vértebras.

Após o recuo das águas, esses amontoados de conchas e ossos receberam cobertura de terra, tornando o local de grande fertilidade. Os vegetais recobriram a terra, dando a forma de um morrinho, porém a casos em que ultrapassam 20 metros de altura. É o caso do Sambaqui de Garopaba do Sul, SC, considerado o maior do mundo com seus 200 metros de diâmetro e 30 metros de altura, e sua existência data de 3.600 anos.

São muitos os sambaquis nesse estuário, com destaque para Ilha Comprida, onde estão localizados diversos. No percurso entre Cananéia e Paranaguá visualizam-se dois, sendo o Das Almas, no fim do Estirão da Laranjeira à margem direita, e outro logo após a Cachoeira Grande, à margem esquerda. Porém o maior está localizado após o Ariri, à margem esquerda no lugar denominado Casqueiro, pertencente à Ilha de Superagui, não sendo visível do canal, mas que seguindo os trilhos do trole chega-se àquele amontoado de conchas que fora explorado por anos e se mantém quase da mesma altura.

Os nossos ancestrais, nômades, bons observadores, inteligentes, perceberam que nos sambaquis era o lugar ideal para se estabelecerem por um período. Ali poderiam viver em segurança, longe do alcance do mar, podendo explorar o solo que lhes parecia de grande fertilidade. E, se não bastasse, por ser um lugar alto, poderiam ser observadores de vasta área no entorno, o que lhes traria mais tranquilidade e segurança.

Ao abandonarem aquele casqueiro, deixavam ali as suas marcas como utensílios domésticos confeccionados em cerâmicas, pontas de lança, machado de pedra, anzóis, ossos de animais por eles consumidos e restos de fogueiras. Quanto aos ossos humanos, consideremos tratar-se dos seus mortos ali sepultados, que em muitos casos precedia-se o seu envolvimento em urna funerária, quando havia material para a sua confecção.

Pelo menos nesta região do estuário não podemos admitir que os ossos humanos encontrados em conchais sejam vestígios de canibalismo, pois não houve registro por parte das primeiras pessoas europeias que aqui viveram desde 1502 que os habitantes Carijós tivessem essa prática.

Contudo, o que se sabe é que os sambaquis foram por muitos anos habitados pelo homem, em diversas ocasiões, por diversos grupos, daí os vestígios aparecerem em várias camadas.

O que não se pode cogitar é que aqueles ocupantes dos sambaquis sejam seus construtores, pois se assim admitirmos, menosprezaremos em muito o raciocínio lógico dos nossos ancestrais.

Primeiramente, existindo em abundância grandes moluscos como ostras, ameijoas, vieiras, mexilhões, sernambis, por que eles prefeririam os menores que são os berbigões?

Sabendo-se que o local de coleta desses moluscos é sempre o mar, por que após o consumo haveria a preocupação de amontoá-los em local tão distante? Por que distribuiriam as conchas ao longo de um rio ou braço de mar? Qual é a finalidade pela qual se dariam ao trabalho insano de transportar uma ossada de baleia extremamente pesada partindo do litoral até um lugar distante e íngreme a muitos metros de altura?

No início da colonização do Brasil, esses sambaquis foram removidos total ou parcialmente, para que de suas conchas se obtivesse a cal que misturada a pedras e óleo de baleia compunha o material usado na construção de fortificações, igrejas e moradias, como as encontradas nas cidades mais antigas do Brasil, como é o caso de Cananéia.

Para a obtenção, empregava-se o método de caieira, que consistia na construção de uma grande fogueira semelhante àquelas das festas juninas, com a diferença em sua base, que era apoiada em madeiras de fácil combustão dispostas em forma circular, por estranho que possa parecer isso, era obtido no manguezal, um local permanentemente úmido, sendo ela o mangue manso, e a tabocuva procedente de região seca. A estrutura superior era feita com madeiras intercaladas de forma a deixar uma grande abertura por onde era introduzido um facho de madeiras rachadas. Em volta desse facho colocavam-se as conchas a serem queimadas. Para dar início à queima de todo esse material, umedecia-se com óleo ou querosene a partir do topo do facho até impregnar aquelas madeiras que foram colocadas em forma circular no solo. Quando acesa a fogueira, a queima era total, incluindo as conchas que ali estavam depositadas. Extinto o fogo e tendo resfriamento, bastava a remoção dos carvões para ficarem apenas as conchas a serem moídas com batidas de paus e em seguida o peneiramento para obtenção da cal.

Outra forma de se utilizar os sambaquis era na pavimentação de ruas, tal como as no entorno da Igreja de São João Batista, em Cananéia, que foram substituídas por paralelepípedos. Após a sua compactação, mantinha uma uniformidade no piso, além de não provocar poeira, permitia por sua permeabilidade um perfeito escoamento das águas pluviais, não permitindo o acúmulo nessas vias.

Capítulo XIII

CANAL DO VARADOURO

Com o povoamento do Brasil, as comunicações entre as províncias se intensificavam por meio das trilhas indígenas já existentes e por novos caminhos abertos pelos tropeiros.

Os padres jesuítas espanhóis ocuparam a região das Missões, no Rio Grande do Sul, introduzindo o gado bovino, porque, devido aos pampas, tinham-se ótimas condições de pastagens e logo produziram grandes rebanhos.

A estância de Viamão se tornou uma grande produtora de gado bovino e nos seus abatedouros processavam-se carne, couro e outros derivados muito apreciados no Sudeste, principalmente nas minas de ouro em operação.

O charque, que era consumido principalmente nas novas minas de ouro da região Sudeste, bem como derivados do boi como o couro vinham do Rio Grande do Sul, sendo transportados em lombo de mulas até o seu destino. Esses caminhos obrigatoriamente passavam pelas províncias de Santa Catarina, Paraná, São Paulo até chegar as Minas Gerais.

O comércio se intensificou, pois do Nordeste vinham produtos que o Sul não produzia como o açúcar, sal e fumo.

Com essa movimentação de produtos, havia a necessidade de se procurar um meio alternativo de transporte, rápido e seguro.

Uma forma de fazer chegar esses produtos a seu destino era pelo oceano, até atingir um porto ligado a Minas Gerais pela Estrada Real, quando provenientes do Sul.

Quando vindos do Sudeste, os pontos de desembarque eram os portos de Paranaguá, Antonina e Guaraqueçaba.

Todavia, esse meio de transporte oferecia riscos às embarcações e por consequência às mercadorias e aos tripulantes. Para solucionar esse impasse, havia a alternativa de que se fizesse isso em pequenas embarcações pelo estuário, ligando Iguape a Paranaguá.

Por algum tempo assim se procedeu, porém entre a Vila de Ararapira e a Baia dos Pinheiros havia o istmo da península de Superagui, compreendendo uma extensão de aproximadamente cinco quilômetros, verdadeiro gargalo no transporte de mercadorias.

Particulares se aproveitavam dessa situação e realizavam mediante pagamento o transporte dos produtos vindos do Sul, bem como aqueles provenientes do Sudeste, como sal, açúcar, fumo, temperos, tecidos, ferramentas agrícolas. Esse serviço era executado por escravos, que levavam sobre os ombros as mercadorias e o comerciante em rede, até atingir o outro lado do istmo.

Quanto às embarcações, estas eram escorregadas sobre varas colocadas paralelamente, pela extensão aproximadamente de cinco quilômetros do istmo até atingirem a água, e navegando chegavam em Ararapira, onde esperava o comerciante, para dali prosseguir viagem com suas mercadorias até Cananéia ou Iguape.

Quando o comerciante vinha do Sudeste, aplicava-se o mesmo procedimento levando o comerciante, sua mercadoria e sua embarcação até o Sul do istmo, para então prosseguir viagem a Paranaguá, Antonina ou Guaraqueçaba.

Foi então que, em 10 de março de 1805, o Prefeito de Paranaguá, Sr. João Nicolau Domesci, por meio de ofício, propõe a construção do Canal do Varadouro, que foi prontamente aceita. A troca de ofícios foi intensa entre as províncias do Paraná e de São Paulo, porém sem efetivamente darem início às obras. Sabia-se que o istmo deveria ser aberto e aprofundado, e que nos extremos norte e sul apenas aprofundado, estimando-se esse percurso numa extensão de três léguas. A necessidade da abertura desse canal era primordial, porém a burocracia travou essa ideia por 66 anos, pois somente na década de 1870 é que esse projeto foi posto em prática.

A primeira tentativa de construí-lo foi de forma manual, utilizando-se de enxadas e outros instrumentos de trabalho. Teve seu início em 1º de junho de 1871 e sua paralisação em 1873, sendo escavados apenas 815 metros.

A obra foi interrompida por mais 77 anos, o que fez com que a vegetação se regenerasse por completo, pois bem sabemos que esta é uma das regiões com um dos maiores índices pluviométricos do mundo, e prossegui-la foi como dar início.

Passados 149 anos da proposta inicial de abertura do canal, portanto na década de 1950, foram retomados os trabalhos da construção do canal, porém com desmatamento de toda extensão dos cinco quilômetros a serem dragados, com largura suficiente para se fazer uma abertura de 12 metros.

Foram empregadas várias dragas e vários barcos de apoio, como a *Joerana*, para transporte dos funcionários, bem como a lancha *Invejada*, que ficava à disposição para caso de emergência.

Feito isso, procedeu-se a remoção de toda rocha existente e a dragagem avançou até a profundidade de seis metros, que também foi mantida para o lado norte e para o lado sul do canal, perfazendo um total de aproximadamente três léguas.

Sob a supervisão e responsabilidade do engenheiro Luiz Augusto Pereira Queiroz, a obra foi concluída em 1954.

Em 22 de janeiro de 1955, houve a transposição do canal pela primeira vez. O barco *Digio Costa*, vindo de Paranaguá, transportou os governadores do Paraná e de São Paulo até a cidade de Cananéia, dando por inaugurado o canal apto à navegação para a qual foi construído.

Ararapira, que era considerado um entreposto localizado entre Cananéia e Paranaguá, e que teve seu porto impedido de atracar os vapores procedentes do Rio de Janeiro a partir de 1920, após o decreto federal que estabeleceu que as divisas entre os estados de São Paulo e do Paraná se daria pelo limite médio da largura dos canais e mares, teve sua liberação com a construção do canal.

Após a construção do Canal do Varadouro na década de 1950, os moradores daquela vila puderam também beneficiar-se desse meio de transporte, pois seu porto voltou a ser liberado, o que alavancou o seu desenvolvimento, podendo com melhor infraestrutura acolher os seus frequentadores.

Por cerca de 15 anos, o tráfego de embarcações se intensificou, ligando todo o estuário. O transporte era bem diversificado, com mercadorias incluindo as ostras, palmito-juçara e caixeta, pois naquele momento não havia lei ambiental que impedisse a sua extração e comercialização, nem se cogitava em estabelecer proibição da sua extração.

A Companhia de Navegação Sul Paulista estabeleceu linha regular semanal de transporte de passageiros, ligando as cidades de Iguape a Paranaguá.

Por alguns anos a Estrada de Ferro Sorocabana também operou com os seus barcos: *Cananéia; Ademar de Barros; Paulistana; Lancha Sete; Peropava.*

Algumas dessas embarcações ofereciam acomodações em camarotes aos passageiros para pernoite e alimentação durante toda viagem.

Foi na década de 1960 que o estado do Paraná instalou em Ararapira um posto da Receita Estadual, visando controlar o fluxo de mercadorias.

Ao final dos anos de 1960, já estava em operação a BR 116 – Rodovia Régis Bittencourt, ligando os três estados do Sul ao Sudeste, tirando do Canal do Varadouro a importância que teve até então.

Todavia, o Vale do Ribeira, por ser grande produtor de bananas, proporcionou um transporte diferenciado pelo Canal do Varadouro. Era comum ver um rebocador atrelado a uma ou duas chatas carregadas de bananas, procedentes de Sete Barras, Juquiá, Registro e Iguape. Esse produto, ao chegar ao porto de Paranaguá, procedia-se o transbordo para navios cujo destino final era os países vizinhos Uruguai e Argentina.

Atualmente, o Canal do Varadouro está assoreado, não permitindo a passagem de embarcações de grande calado. Porém, trata-se de um canal encantador onde o navegador ao final de seu percurso terá gravado em sua mente ou em sua câmera belas lembranças e imagens.

Capítulo XIV

ARIRI (POR CORRUPTELA) — IRIRI = OSTRA

Trata-se do bairro mais ao sul de Cananéia, cerca de 70 quilômetros, fazendo divisa com o Estado do Paraná.

Dos diversos povoados no entorno de Ararapira, a principal vila de Cananéia, importante pela sua localização, próximo a Paranaguá, Ariri era um deles. A maioria dos povoados simplesmente desapareceu, tais como Rio Vermelho, Araçopeva, Lages, Morretinho, Rio dos Patos, Rio Bonito, Barranco Alto. Outros se mantiveram como Pontal de Leste; Barra de Ararapira: Saco da Baleia (Enseada da Baleia); Praia do Meio (Marujá). O Decreto Federal de 15 de junho de 1920 alterou as divisas dos estados de São Paulo e do Paraná. A partir dele, as divisas passaram a ser determinadas pela média da largura dos canais e mares.

Com a Lei n. 1.803, de 29 de novembro de 1921, do Governo do Estado de São Paulo ratifica essas divisas.

Assim sendo, Ararapira passou a pertencer ao estado do Paraná. Decidiu-se então pelo estado de São Paulo, que a um daqueles povoados do seu entorno e fronteira com o Paraná tivesse priorizado o seu desenvolvimento, e o escolhido foi Ariri. A escolha recaiu porque levada em consideração a proximidade com o estado vizinho e por estar localizado no continente, haveria facilidade de acesso tanto pelo mar como por estrada.

Após a escolha, criou-se a empresa Companhia Colonizadora do Ariri, na qual se estabeleceria um polo industrial, que certamente alavancaria o progresso do local. Contaria para isso com a mão de obra dos moradores de Ararapira e de outros povoados próximos.

Foram providenciadas as construções dos prédios públicos, tais como Igreja de São Luis Gonzaga, Cartório Eleitoral, um posto policial e Escola do Ensino Fundamental.

Enquanto se instalava a indústria, providenciou-se o plantio de cana-de-açúcar em toda a extensão do morro atrás da Vila do Ariri.

A produção industrial logo teve início, sendo álcool, açúcar e cachaça seus produtos principais, porém um fato há de se notar: os empregados de tal indústria eram na sua maioria oriundos de Ararapira e continuavam morando lá. Faziam o percurso diariamente em suas canoas, cumpriam os seus turnos e retornavam ao final do dia para as suas moradas. Dessa forma, a vila de Ariri continuava com apenas seus antigos moradores.

Além desses produtos, beneficiavam-se arroz, milho e madeira.

A indústria instalada em 1921 teve pouco tempo de atividade, entrando em decadência na década de 1940 e tendo por fim o abandono.

Os canaviais foram abandonados e o processo de regeneração natural ali se instalou. Nos dias atuais, se olharmos para aquele morro com aquelas árvores imensas, diversas nascentes, não poderemos imaginar que um dia ali existiu um grande canavial.

A área plana ocupada pela indústria foi também abandonada, restando no local apenas a chaminé, caldeiras e algumas peças de metal dos maquinários, testemunhando que por duas décadas esteve em funcionamento um grande empreendimento.

Foto IV - Chaminé em Ariri

Nos anos de 1990, toda a área plana que pertencia à Companhia Colonizadora do Ariri foi transformada em loteamento que deu origem ao Condomínio de Ariri. A partir daí muitas casas de veraneio foram construídas, com seus píeres, suas garagens náuticas e marinas, dando um aspecto de conforto e comodidade aos seus frequentadores.

Alguns itens de melhoria que há nas cidades chegaram ao Ariri, tais como saneamento básico e energia elétrica contínua, dando aos moradores o conforto necessário.

Pessoas com maior visão comercial construíram pousadas, padarias, restaurantes, marinas, tornando o local aprazível para descanso e laser, incluindo a pescaria, pois a região no entorno de Ariri é muito procurada com essa finalidade.

Quanto à praia que Ariri não possui, está logo ali na Ilha do Cardoso, há apenas dez minutos de barco.

Portanto, com esses últimos investimentos, o bairro de Ariri cresceu em população, comércio, bem como em qualidade de vida, num ambiente bucólico onde o turista pode se beneficiar do seu clima, da sua culinária, da sua paz, segurança e beleza natural.

Com essas qualidades, tornou-se, portanto, lugar ideal para se passar um final de semana, praticar a pescaria, relaxar em férias e, por que não, curtir a merecida aposentadoria.

Capítulo XV

CAIÇARA

Pessoa de voz calma, pausada e um pouco cantada, estando sempre em observação da natureza, até quando está no preparo ou reparo da sua tralha de pesca. Sabe se a maré está na vazante ou enchente, em que direção o vento sopra, e dessa forma vai deixando o tempo passar sem pressa. Mais ouve e pouco fala, responde se for perguntado e não é de muitos argumentos. Quando a pergunta é sobre a hora do dia, aí se revela o seu conhecimento, em vez de olhar para o relógio, pois não possui, olha para o céu, e de lá vem a resposta precisa.

A sua sabedoria permite prever em quanto tempo o vento mudará de quadrante ou um aguaceiro cairá, com base na observação dos voos das andorinhas e das fragatas e na movimentação das nuvens.

Marca as estações do ano diferentemente das outras pessoas, pois para ele vale aquilo que mais lhe chama a atenção: "tempo da jaboticaba", "tempo da melancia", "tempo da pitanga", "tempo da laranja", "tempo da manjuba", "tempo da tainha", "tempo do camarão", "tempo do araçá", são momentos de desfrutar daquelas benesses da natureza.

Em muitos momentos é obrigado a conviver com o mau humor da natureza. Quando o vento norte persiste por três dias, é certeza que haverá resposta forte do vento sul, e, com sua chegada, o mar engrossa, a maré arruína, permanecendo cheia por muito tempo, tornando a pescaria comprometida. Não se pode coletar sururu, ostra, ameijoa ou outro marisco, o que poderia comprometer a sua alimentação. Porém, para o caiçara que é ladino, com antecedência estocou peixe defumado. Mas se esse mau tempo se tratar de rebojo, e que perdurará por uma semana, outras fontes terão que ser utilizadas, como aquele frango no terreiro.

Quando alguém menos avisado está disposto a sair pelo mar em embarcação frágil, em momento de ventania, será sempre alertado para esperar, pois dentro de certo tempo a maré terá virado, sessando o "banzeiro", deixando o mar como uma lagoa.

O seu conhecimento permite alertar para que certa pescaria noturna não seja proveitosa, pois a "ardentia" está muito intensa. Esse fenômeno por ele denominado "ardentia", em seu simples linguajar, nada mais é que a presença de micro-organismo cujo nome científico é *Noctiluca miliares sp.*, em grande concentração na água, produzindo a fosforescência ou bioluminescência.

Ainda em suas pescarias noturnas, algumas vezes é surpreendido pelo "boitatá" (cobra de fogo). Esse fenômeno o assusta e o leva a pensar no sobrenatural, pois assim está arraigado em sua cultura. Porém, mais uma vez trata-se de um fenômeno natural, que é a incandescência de alguns gases produzidos por um animal em decomposição ou um pântano, que por condições climáticas favoráveis entra em combustão e se desloca por entre a mata de forma sinuosa como uma serpente, e que a ciência denominou de "fogo fátuo".

O caiçara pratica a pescaria noturna em três modalidades: com rede cercando os cardumes, usando a fisga com a iluminação de um facho ou, a mais interessante, fazendo os peixes pularem. Escolhe-se uma noite sem luar preferencialmente após uma forte chuva. Essa modalidade exige que a rede seja estendida na embarcação sobre estacas, de forma a tornar uma barreira aérea "paliçada" para obstruir o salto dos peixes.

Aproxima-se sutilmente de um pequeno rio cuja embarcação irá obstrui-la totalmente, e dá início a uma grande balburdia, chacoalhando os galhos, batendo o remo na água, se possível acendendo uma lanterna, de forma a estimular os peixes a fugirem para o braço de mar de preferência saltando, onde encontrarão a barreira feita pela rede sobre a embarcação, caindo nela.

Depois de dois ou três riachos, estará de volta o caiçara sem ter molhado os pés, com o seu samburá cheio de peixes, especialmente aqueles da família dos mugilídeos: tainha, parati-puá, parati-pema, parati-guaçu, além de robalos, timbocu e espada.

Esse estuarino, com seu vasto conhecimento, tem todas as fases da lua gravadas em sua memória, de forma a saber qual é o momento mais adequado para pescar de anzol ou de rede, ou deixar de coletar certo marisco como a ameijoa, por estar imprópria para o consumo.

Das fases da lua, a cheia é menos esperada, pois mesmo sendo própria à pescaria, com ela vêm alguns inconvenientes. O caiçara tem a sua imunidade adquirida durante toda a sua vida em contato com a natureza, mas na lua cheia não é totalmente suficiente para suportar os insetos que estão em maior concentração e atividade, como é o caso do "mosquito pólvora", terror do estuário.

A mulher caiçara, além das flores que costuma plantar em seu quintal, possui também aquelas ervas aromáticas empregadas na culinária, no preparo de caldeirada; no preparo do berbigão, ameijoa, ostra, sururu, camarão; nas moquecas cujos ingredientes poderão ser ovas de peixe, sururu, berbigão, camarão, utilizando a folha de bananeira como invólucro. Por sua delicadeza, fica a seu cargo a feitura de utensílios domésticos como rede para descanso, peneiras, balaios, viveiros, cestos, chapéus e outros.

Na casa de um caiçara sempre serão encontradas folhas secas de cataia, usadas em chás e principalmente no preparo do "whisky caiçara", seu aperitivo predileto.

Em sua simplicidade, essa pessoa não se dá conta que possui um gigantesco acervo da cultura local que mesmo os considerados letrados, os doutores, desconhecem, pois não há literatura que aborde esse tema para acessá-la.

Esse saber e costumes são transmitidos inconscientemente para seus filhos e netos, permitindo que se perpetue. Quando o visitante do estuário se depara com o caiçara, vê que está diante de uma figura icônica, cuja convivência faz tão bem a quem busca por conhecimento.

Capítulo XVI

ARARAPIRA (PAPAGAIOS E PEIXES)

Foto V - Aérea de 1985

Estima-se que sua ocupação por descendentes de europeus se deu aproximadamente na mesma época que Cananéia. Segundo Nestor Goulart dos Reis, esse povoado está entre os 20 primeiros deste país.

Quando os europeus ali chegaram, o local tinha a denominação de Ararapira. Visto que em toda ocupação feita por portugueses, dava-se o nome em homenagem a um santo, neste caso o local passou a se denominar São José da Marinha de Ararapira. Posteriormente, passou a chamar-se São José de Ararapira, que perdurou até a data da escritura de doação das terras ocupadas pela vila, em 12 de agosto de 1776. Após essa data, recuperou-se o nome em tupi, e assim permanecerá como fora escolhido pelos seus originais ocupantes, os carijós.

Sabendo-se que o "Bacharel" de Cananéia e seu companheiro de degredo Francisco Chaves deram início ao primeiro povoado do Brasil em 1502, por que não se admitir que nos seus arredores tenha também povoado Ararapira?

É sabido da facilidade da qual o "Bacharel" dispunha para manter contato com navegadores de diversas nacionalidades que aportavam na região sob o seu domínio, bem como com as aldeias no entorno de Cananéia.

Sabemos também que em Ararapira se encontrava o maior aldeamento indígena da etnia Carijó e que estes se comunicavam com os povos das Ilhas das Peças e do Mel por meio de trilha iniciada em Ararapira e pelas praias. Isso se dava também quando o destino era Cananéia. Esses povos vindos das ilhas mais ao sul caminhavam pelas praias até atingirem o local conhecido por Barra do Ararapira, daí rumavam por uma trilha de 11 quilômetros, por aproximadamente cinco metros de largura. Por toda a sua extensão coberta pela vegetação, quando da sua feitura, foram mantidos os maiores troncos nas suas laterais, o que dava a sensação de se estar caminhando sob um arejado túnel verde. Assim, ao chegarem em Ararapira, eram transportados até a Ilha do Cardoso, por onde andariam pelas praias do Meio, Morretinho, Lages, Foles, Camboriú, Ipanema, Itacuruçá e finalmente nova travessia pelo mar até Cananéia.

Dito isso, sabendo que o objetivo do "Bacharel" Cosme Fernandes e seu companheiro de degredo Francisco Chaves era manter pessoas de sua confiança em locais com grande concentração humana e para dispor de aliados se necessário fosse, certamente que se preocupou em estabelecer um povoado naquele local.

A língua tupi foi logo aprendida pelos europeus e pelos seus descendentes e passou a fazer parte do cotidiano, pois a convivência com os indígenas era constante, usavam-se expressões e palavras como "quira" para qualificar uma fruta (verde, tenra); ou "aíva" para determinar um estado de saúde (doente); "tigüera" qualificando uma plantação abandonada; "coivara" (mata derrubada e queimada); "tapera", que significava moradia velha e abandonada.

Na década de 1550, com a vinda de padre jesuíta para Ararapira, tendo residido ali Leonardo Nunes, Abarebebé – "Padre Voador", no sítio denominado de Tapera do Padre, às margens do Rio do Padre, a aldeia começou a ganhar o formato de vila com igreja e cemitério. A língua tupi passou a ser ministrada nas escolas. Mesmo depois da expulsão dos padres jesuítas do Brasil em 1759 pelo Marques de Pombal, aquele conhecimento adquirido da língua tupi foi sendo passado de pai para filho e permaneceu vivo enquanto Ararapira foi habitado. Ninguém estranhava ouvir: isso está sanananga (não está firme), ou pai faça uma ninanga (balanço), ou pare com esse nhem nhem nhem (falar falar falar sem conteúdo).

Um bom motivo para se pensar assim é o fato de que a poucos metros à frente da Igreja de São José de Ararapira está o primeiro cemitério da Vila, uma prática muito comum no posicionamento nos primeiros povoados, de estarem juntos Igreja e Campo Santo. Na década de 2010, assim que a erosão atingiu o cemitério, algumas ossadas ficaram a descoberto, provando que realmente aquela área fora utilizada com essa finalidade.

O cemitério atual data de aproximadamente 300 anos, mesmo que as inscrições não atestem, pois, as datas mais antigas contidas em algumas lápides datam de 1950. Um fato a se considerar é que em tempos mais antigos não se faziam os jazigos em alvenaria, apenas marcava-se a sepultura com uma cruz e nela era escrito o nome do falecido, e periodicamente era providenciada sua manutenção principalmente nas vésperas do dia de Finados. Muitas dessas sepulturas, em função das intempéries e da falta de manutenção, nivelaram-se ao solo, razão pela qual sobre elas novos sepultamentos ali se procederam, desaparecendo por completo os vestígios dos antigos sepultados. Pode-se afirmar que naquele Campo Santo são camadas sucessivas de sepultamentos. Nos dias atuais logo após os sepultamentos providenciam-se a construção em alvenaria dos seus respectivos jazigos.

Nesse cemitério ocorreram dois fenômenos antagônicos, sendo o encontro do corpo santo (saponificação) e o corpo seco (mumificação). Sabe-se que o fenômeno da mumificação é possível devido à aridez do solo e ao calor da região no período de verão, porém a saponificação, que exige solo argiloso e umidade, é mais difícil de se compreender. Quando da remoção de ambos os corpos, a eles foram dados destinos diferentes, sendo o corpo santo submetido a estudos. Quanto ao corpo seco, foi pendurado por uma corda em uma árvore que se transformou em uma colônia de musgos e mais tarde encoberto por bromélias, permanecendo até o rompimento da corda que o sustentava.

Igreja de São José de Ararapira

Foto VI - Igreja de São José em Ararapira
antes da grande reforma

Foto VII - Igreja de São José em Ararapira atual

Bem se pode acreditar que tenha sido o Padre Leonardo Nunes o construtor da primeira Igreja de São José de Ararapira, possivelmente em pau a pique com cobertura de palha na maior simplicidade e em harmonia com o estilo de construção daqueles velhos moradores que ali encontrou. Essa igreja passou por diversas alterações em datas que não se pode precisar, ganhando o formato e as dimensões maiores, além dos empregos de materiais diversos como a taipa. No ano de 1933, a igreja passou a ter sua estrutura em alvenaria e ganhou as dimensões atuais, porém com o pé direito medindo um metro a menos que o atual, manteve-se apenas uma torre. O último episódio envolvendo a Igreja de São José ocorreu na década de 1950, quando um devoto, ao subir a escada atrás da imagem do padroeiro, em um momento e gesto em desequilíbrio, empurrou-a, vindo a quebrar-se. Providenciou-se então o envio da imagem para restauração por especialistas. Sabendo-se que esse trabalho demandaria muito tempo, os moradores decidiram por elevar o pé direito da Igreja em um metro e aproveitaram para lhe agregar a segunda torre, como as fotos demonstram. Já no mês de março de 2022, os moradores atuais da Vila de Ararapira, seus ex-moradores e simpatizantes colaboradores procederam com a remoção do telhado que estava comprometido substituindo-o, bem como foram trocadas todas as vidraças e suas estruturas por alumínio para evitar a corrosão pela maresia.

Padre Leonardo Nunes era natural de São Vicente da Beira, Guarda, Portugal, tendo nascido em 21 de setembro de 1509. Chegou ao Brasil na expedição do Governador Geral Tomé de Souza no dia 29 de março de 1549.

O intrépido padre, que ganhou aquele apelido de Abarebebé, dado pelos nativos, devido à facilidade com que se deslocava de um lugar para outro por terras ainda a desbravar, no entendimento dos indígenas, ele só poderia fazê-lo voando, e numa dessas incursões para o sul, passou pela Ilha de Meembipe (Ilha de Santa Catarina), chegando até Laguna, SC.

Em Ararapira encontrou lugar ideal para praticar a catequese, pois ali se encontrava a maior concentração da etnia Carijó. Deu aulas de latim, português e tupi. Com sua voz melodiosa entoava cânticos, fazendo dela seu instrumento principal para atrair os nativos para a prática da fé cristã.

Foi exatamente no ano de 1553 que ali se estabeleceu o Padre Leonardo Nunes, momento que dedicou parte do seu tempo na construção da Igreja de São João Batista de Cananéia, com o noviço José de Anchieta. Construção essa no estilo de forte como a Capela da Conceição de Nossa Senhora, por ele construída em Peruíbe em 1550, hoje conhecida apenas como Forte de Abarebebé.

Uma das datas mais longevas registradas na história de Ararapira foi a presença de dois homens brancos localizados por Hans Stadem na Barra de Superagui, quando da sua primeira viagem ao Brasil, tripulante do barco capitaneado por Diego de Sanabria, na condição de arcabuzeiro.

Sabedores que somos de que aquele extremo da Península de Superagui somente foi colonizado a partir de 1852, podemos deduzir que o mais provável é que tais homens seriam habitantes do extremo norte da Península, portanto da Vila de Ararapira, pois esta sim já era povoada por brancos e mestiços, desde os primeiros anos do século XVI. Para se deslocarem até o extremo da península, o faziam por meio de uma trilha sombreada, construída com grandes semelhanças com outras que eram parte de ramais do Peabiru. Os vestígios dessa trilha pré-cabralina vêm reforçar a teoria de que os povos do litoral se comunicavam com os mais afastados dele, até mesmo com aqueles das cordilheiras dos Andes, que lhes emprestavam a técnica de construção nos seus moldes, sendo umas calçadas com pedriscos, as vezes pedras andesitas, umas cascalhadas, outras gramadas e algumas apenas sombreadas, como aquela em Ararapira.

Desde então, Ararapira foi se desenvolvendo naquele local estratégico entre Cananéia e Paranaguá e ganhando importância, tanto que a sua influência é notada na Carta Náutica n. 1.820 da Marinha do Brasil, referindo-se à praia de Ararapira, embora esteja na restinga da Ilha do Cardoso. Mar do Ararapira, este que se estende desde a Ilha da Casca até a Barra do Ararapira.

No seu entorno desenvolveram-se outros povoados como Ariri, Rio dos Patos, Varadorzinho, Rio Bonito, Rio Vermelho, Barranco Alto, Araçopeva, Barra do Ararapira, Saco da Baleia, Morretinho, Lage, Foles, Praia do Meio.

Em tempos mais recentes, já não havia remanescente dos povos indígenas que deram origem ao povoado, mantinham-se apenas os costumes e termos tupi usados no dia a dia. A população era formada por agricultores, pescadores, artesãos e comerciantes.

A pesca era base da alimentação daquela vila. Do mar uma gama de peixes fazia parte do cardápio na alimentação diária, bem como siris, caranguejos e camarões. Muitos mariscos faziam parte do cardápio daquela vila tais como mexilhão, sernambi, tarioba e berbigão, provenientes do mar. Dos manguezais a ameijoas, sururu, ostra e bacucu.

Tradições

No inverno, os pescadores de Ararapira se transferiam por aproximadamente dois meses para a restinga da Ilha do Cardoso, daí o nome de Praia de Ararapira. Nesse período, apenas as crianças em idade escolar permaneciam na vila, somente se juntando aos seus pais nos fins de semanas. Os pescadores lá permaneciam para melhor aproveitar a captura da tainha, que tanto poderiam ser pescadas no Mar de Ararapira quanto no oceano. Essa espécie era pescada aos milhares, na sequência, eram salgadas e secas ao sol para então serem comercializadas em fardos nos municípios de Iguape, Cananéia, Paranaguá.

Quanto aos agricultores, dedicavam-se ao plantio de arroz, cana-de-açúcar, feijão, mandioca, milho, café, batatas, taioba, carás, inhames e hortaliças em geral, muitas frutas eram cultivadas como abacaxis, melancias, nêspera, ata, condessa, cidra, mamão, laranjas, limões, pitanga, abacate, goiaba, bananas diversas, fruta-do-conde.

Quando a plantação era em grande escala, necessitava de mão de obra farta tanto no preparo da terra, como no plantio e posteriormente na colheita. Para isso providenciava-se o convite para a realização de **mutirão** ou **sapo**.

Os convidados eram da própria vila, bem como dos vilarejos adjacentes, e todos afluíam para o evento sabendo que posteriormente eles seriam os que convidariam. Não havia pagamento nem qualquer recompensa pelo dia de trabalho, apenas a camaradagem, a boa convivência e a diversão.

Outra forma de compartilhamento de mão de obra era o adjutório, em que os convidados emprestavam os seus serviços por um dia ou mais e posteriormente quem os convidou pagaria com trabalho o dia ou mais a todos que para ele trabalharam.

No **mutirão**, a regra era que os trabalhadores chegassem antes das 8 horas para o café da manhã, em cuja mesa se encontravam: beijus na folha, de goma, de mandipuva, de indaiá; bolos diversos, aipim cozido, aipim frito, batata-doce, carás diversos, cuscuz: de milho, de arroz, de indaiá, numa demonstração dos préstimos da patroa do evento. Após o café, ao trabalho até o meio-dia, quando, ao retornarem, eram servido-lhes os aperitivos e uma lauta refeição que não se tratava de uma feijoada, mas se aproximava disso, pois era basicamente carne seca no feijão. Após a sesta, novamente ao trabalho até o final do dia. No retorno à casa do patrão, termo pelo qual se tratava o contratante, todos se produziam para a farta refeição, neste caso rezava a tradição que outro prato deveria ser servido e em geral era oferecido arroz com carne seca, sendo esses os cardápios preferidos, sempre precedidos de aperitivos. Finda a refeição, afinavam-se os instrumentos e o fandango estava garantido até o sol raiar, sempre regados a bebidas e doces por conta do patrão. Se no dia do evento houvesse a possibilidade de mau tempo, o patrão fazia uma promessa a São Gonçalo, solicitando para que impedisse que isso ocorresse, o que prejudicaria os trabalhos. Se o pedido fosse atendido, a primeira dança seria em sua homenagem. Traziam uma imagem de São Gonçalo, que era colocada no salão sobre uma mesa com toalha branca enfeitada com vasos de flores e começava a dança, cuja tradição permitia que os pares de dançarinos se aproximassem da imagem, beijando-a e retornando sem jamais dar as costas ao santo. Cumprido esse ritual, removiam a imagem e aqueles objetos, e a seguir o fandango tinha prosseguimento.

Quando o plantio ou a colheita do agricultor eram modestos, as pessoas eram convidadas para o "**sapo**", cuja presença dos trabalhadores era esperada para o período da tarde. Como no mutirão o trabalho somente terminava no final da tarde, os convidados passavam a se produzir, porque na sequência vinham os aperitivos e o grande jantar, e o tão esperado fandango que durava a noite toda até o amanhecer, regado a bebidas e doces por conta do patrão.

Esses encontros com essas denominações de mutirões e sapos também ocorriam na prática de uma tradição que era a **varação de canoa**. Se mutirão ou sapo, dependia do trabalho a ser realizado, considerando sempre a distância a ser percorrida e a dificuldade na operação devido à topografia do terreno e aos obstáculos a serem removidos ou desviados. Note-se que para o feitio da canoa dependia-se da qualidade da madeira e tamanho do tronco e para isso o mestre canoeiro partia mata à dentro em busca da matéria-prima com essas qualidades, não importando a distância ou obstáculos a serem enfrentados. Para esse evento, o convite recaia sobre pessoas dotadas de força, destreza e boa experiência.

Consistia em que o mestre canoeiro adentrava a mata até encontrar a madeira ideal para aquela finalidade, e em muitas ocasiões esse tronco localizava-se em uma serra. Escolhida a árvore, procedia-se a sua derrubada. Sendo impossível remover o tronco para ser trabalhado em local apropriado, o mestre canoeiro iniciava ali mesmo a moldagem para tornar o tronco com o formato de canoa e mais leve, porém não poderia ser retirado todo o material lenhoso, pois se o fizesse enfraqueceria e poderia sofrer danos durante o transporte **varação**. O acabamento somente se daria quando a canoa já estivesse em seu lugar definitivo. Tudo era previamente analisado minuciosamente: o trajeto a ser percorrido, a remoção de obstáculos, ou desvios deles, a colocação de estivas sobre as quais a canoa deslizaria até o riacho ou rio mais próximo, onde a canoa flutuaria. A expressão "varar" é inerente às estivas, que nada mais é que forrar o chão com varas por sobre as quais a canoa irá deslizar. Nos tempos atuais, essa prática está na memória de poucos e certamente desaparecerá quando se forem os últimos que a presenciaram, visto que por força de lei ambiental não se pode apropriar dos grandes troncos de árvores, matéria-prima indispensável à construção da canoa, embarcação fundamental no uso diário do estuarino.

Dado início aos trabalhos, o mestre na varação orientava como deveriam ser amarrados os inúmeros cabos de frente e de trás, cada um com sua própria nomenclatura. As pessoas envolvidas naquela empreitada desempenhavam funções específicas. Os cabos posicionados à frente orientavam para que o tronco não se chocasse com qualquer obstáculo e os de trás em número maior de pessoas, segurando os cabos para controlar a descida, não permitindo um ganho maior de velocidade. Serra abaixo é que se percebe porque foram escolhidas pessoas dotadas de destrezas, pois elas saltam de um lado para outro sobre a canoa em movimento, puxam a canoa para o lado direito ora para o esquerdo produzindo um espetáculo perigoso mas digno de malabarista. Durante todo o percurso o patrão faz as pausas para descanso, revisão das estratégias e hidratação, e porque não para estimulá-los com aquela cachacinha. Terminado o trabalho, com a canoa no seu devido lugar, é hora de relaxar. Tomado aquele banho no rio, todos produzidos, iniciavam os aperitivos em meio a muitos comentários sobre o sucesso da empreita e a seguir aquele farto jantar e o fandango tão esperado.

Festa do Divino Espírito Santo

Esta tradição ainda persiste embora com menor intensidade. Consiste em duas embarcações que partem de uma igreja simultaneamente uma para o sul e outra para o norte, meses antes das celebrações dos festejos, pois o intuito era angariar dinheiro e outros donativos para aquela finalidade. Tais oferendas poderiam ser em dinheiro, alimentos não perecíveis, animais vivos como galinhas, perus, porcos, patos, marrecos e outras prendas a serem leiloadas durante os festejos. Cada embarcação era composta de quatro foliões, sendo o mestre, que era o tocador da viola, o tenor, o rabequista, o tocador do bumbo, homem com timbre de voz mais aguda cuja função era tipe. Essa equipe levava em destaque a Bandeira do Divino Espírito Santo. Percorriam-se grandes distâncias no estuário, parando de casa em casa, onde o morador ao ouvir o toque dos instrumentos já os aguardava de portas abertas. Ao adentrarem na residência, entoavam cantos saudando aqueles moradores com versos a cada um dos componentes da família. A refeição do meio-dia era servida à equipe na residência visitada naquele horário. Na última visita do dia, o morador oferecia-lhes o jantar e era ali que pernoitariam, antes, porém, procedia-se o encerramento da Bandeira, sempre entoando cantos com versos inerentes aquela cerimônia, seguia-se um ritual de enrolar a Bandeira em pano branco e após oferecer a guarda à dona da casa, que a mantinha em seus aposentos. Ao amanhecer, dava-se início à alvorada e, após a refeição matinal, apresentavam-se os cantos com versos de agradecimentos pela acolhida dada pelo morador e cantava-se a despedida, dando início à nova jornada. Apesar da falta de comunicação da época, o retorno das Bandeiras ocorria simultaneamente, a que foi para o sul e a que foi para o norte, agora na igreja com grandes cantorias. Muitas vezes depois do término do percurso era necessário enviar outras canoas para arrecadar os donativos ofertados pelos moradores visitados.

Rio da Fonte

Seu nome original foi Rio Indaiaí, devido à presença de indaiá em grande parte desse rio. Esse nome ainda é observado na escritura de doação das terras ocupadas pela Vila na data de 12 de agosto de 1776. Passou em seguida a ter o nome de Rio do Santo e posteriormente, devido às construções das fontes e à captação de água para banho e lavar roupa, recebeu esse nome que perdura até hoje.

Encontro à beira do rio

Certo dia, em um final de semana, reunia-se em uma das fontes previamente escolhida um grupo de jovens, nem adolescentes nem pessoas comprometidas. Iniciava-se o encontro mergulhando-se no rio as frutas tropicais tais como abacaxis, melancias, atas, que cada indivíduo portava. Em seguida distribuíam-se pelo gramado da fonte os tocadores cada um com seu instrumento: violão, cavaquinho, bumbo, pandeiro, bandolim e banjo e dava-se início ao espetáculo que era acompanhado pelo canto de todos, principalmente das moças. Esse encontro prazeroso durava horas, o que provocava curiosidade em quem passasse pelo local e que certamente pararia para apreciar aquela diversão tão saudável e respeitosa. Ao final, quando as frutas já se encontravam geladas, era o momento da degustação.

Esse fato foi relatado por um casal da terceira idade moradores de Curitiba, que em suas juventudes e então namorados, estando em Ararapira percorrendo as trilhas do Rio das Fontes, se depararam com aquele momento único. Refazendo o caminho do passado, desembarcaram de seu iate e foram atrás dessas lembranças, porém o tempo mudou, as pessoas se foram e aqueles folguedos puros somente ficaram em suas lembranças. Vieram me procurar para saber por que tudo acabou, algo que não teriam encontrado em qualquer outro lugar. Então lhes expliquei que realmente essa **tradição**, prática alegre de passar o tempo rodeados de amigos, durou até o momento em que as pessoas foram para cidades mais desenvolvidas em busca de mais escolaridade e de outras perspectivas.

Fandango

Era praticado em sua plenitude, fazendo-se uso de bumbo, viola, rabeca e adufe (pandeiro). Esses instrumentos eram confeccionados de forma artesanal, utilizando-se da caixeta e cola extraída do sumaré. O tamanco de caixeta e couro era calçado de uso diário, porém aquele que se destinava à prática do fandango possuía um componente a mais, ou seja, um pedaço de madeira duríssima incrustado na sola para dar melhor percussão no assoalho, quando o ritmo assim o exigia.

Tinha regras próprias para cada ritmo com suas variações e coreografias como São Gonçalo, em que a imagem do santo era colocada sobre uma mesa e eram iniciadas as coreografias em que os dançarinos em casais faziam as aproximações para beijarem a imagem e recuavam, sem nunca darem as costas a ele. Os ritmos mais conhecidos eram: chamarrita, sensará, recortado, dandão, queromana, feliz, valseado, anu, cana verde, tonta e graciosa. Essa tradição ainda persiste, principalmente no litoral do Paraná, onde diversos grupos se formaram tanto no continente como nas ilhas, bem como no sul do litoral de São Paulo, especificamente na cidade de Cananéia, e nas Vilas de Pereirinha e Marujá, na Ilha do Cardoso.

Vila em agitação

Todos os povoados ao seu entorno dependiam de Ararapira, pois ali os seus moradores vendiam seus produtos agrícolas, seus artesanatos como canoas, remos e sua produção pesqueira. Ao mesmo tempo que se abasteciam de diversos produtos, como utensílios domésticos procedentes do Sudeste; utensílios de latoaria, madeira, fibras e de argila produzidos artesanalmente na própria vila; carne seca vindas do Sul; ferramentas agrícolas, calçados, procedentes do Sudeste; sal, açúcar, fumo, procedentes do Nordeste brasileiro; bem como temperos, perfumes, tecidos, procedentes, do exterior.

Esses produtos eram transportados pelos vapores *João Martins, Bento Martins, Isabel, Cândido Rodrigues, Arurá, Juquiá, Itaipava, Vicente de Carvalho, São José,* este afundado no porto de Cananéia. Quando os vapores pararam de navegar no estuário, barcos motorizados pertencentes à empresa Sorocabana passaram a fazer a viagem semanal de Iguape a Paranaguá, sendo eles *Paulistana, Lancha Sete, Peropava, Adhemar de Barros,* entre outros, valendo ressaltar que pela demora para se fazer esse trajeto, algumas dessas embarcações ofereciam acomodações em camarotes para pernoite, bem como dispunham de restaurante. Ao retornarem levavam produtos da região como arroz, milho, café, peixe seco, camarão seco produzidos no estuário e charque e couro proveniente do Sul.

Com o tráfego desses vapores citados, o comércio se intensificou, podendo receber produtos externos, como também escoar a produção local e dos povoados vizinhos.

Ararapira teve vários momentos de progresso e outros de decadência. Um dos bons momentos foi na década de 1910, quando o comércio teve um grande crescimento. Possuía oito casas comerciais importantes, sendo uma delas de exportação de grãos, pertencente ao senhor João Anastácio Xavier.

Os moradores dos povoados vizinhos a Ararapira costumeiramente ali aportavam e aproveitavam a oportunidade para utilizar-se de toda a sorte de serviços oferecidos tais como cabeleireiro, costura sob encomenda como calças, camisas e principalmente vestido de noiva, que no futuro ali mesmo seria exibido pela primeira vez pela ocasião do casamento; havia também contratação de serviço de bufê para festas de casamentos e batizados; utensílios de latoaria sob encomenda, produtos de cerâmica desde um cachimbo a uma panela de barro, um cuscuzeiro, ou um torrador de grãos.

Em alguns momentos da vida desses moradores periféricos a presença em Ararapira era obrigatória: no nascimento dos seus filhos, pois ali eram registrados, batizados, nos casamentos, nas eleições e também quando do falecimento, quando além do enterro se lavrava a certidão de óbito.

Era também o local procurado em fins de semana para diversão, pois possuía o melhor campo de futebol da região e um clube, onde poderiam divertir-se.

Desenvolveu-se de tal forma, no extremo-sul do estado de São Paulo pelo litoral, que somente perdia em importância para Cananéia. E era exatamente de Cananéia que dependiam para a educação fundamental das suas crianças, pois seus professores normalistas eram nomeados por aquele município.

Cabe aqui um comentário sobre os materiais e métodos empregados na construção das moradias dos habitantes de Ararapira. Inicialmente as casas eram construídas totalmente de madeira (pau a pique). Mais tarde, com o conhecimento da técnica da "taipa de pilão", muitos moradores adotaram esse método, que quando bem elaborado ficava difícil alguém não confundir com uma construção em alvenaria. Essa técnica, em que parte da estrutura emprega-se bambu, em Ararapira, esse material foi substituído pela juçara madura, abundante ali, cuja resistência e durabilidade são infinitamente superiores. Para preparar a estrutura que em seguida receberá a massa socada em pilão, rachava-se a juçara e preparavam-se as ripas, e na trama empregava-se a casca do cipó-imbé. Na sequência, preenchiam-se os espaços com lascas de caixeta. É notório que na maioria das propriedades de Ararapira há um depósito de conchas variadas, de mexilhões, ameijoas, ostras, sururus, bacucus, berbigões, o que denota os hábitos alimentares daquele povo. Assim, cada morador criava seu minissambaqui a ser transformado em cal no futuro quando da reforma ou ampliação da moradia, pois na técnica da "taipa de pilão" empregava-se aquele elemento aglutinador.

A construção em alvenaria começou a ser adotada depois da criação da olaria que se localizava à margem direita do Rio do Santo, próximo a sua foz. Esse local era estratégico, visto que a matéria-prima (argila), para a fabricação dos tijolos, estava logo ali a seu lado, no local conhecido por Saco do Lopes, e os tijolos ali produzidos eram facilmente transportados por embarcações. Com a erosão e consequente destruição das casas, dá para se afirmar que tal olaria passou por diversos proprietários, pois as inscrições encontradas nos tijolos das ruínas possuem diversas letras, caracterizando as iniciais dos seus donos.

Chegou-se a afirmar que em tempos mais prósperos a população de Ararapira era cerca de 500 pessoas, que em momentos de eventos na vila duplicavam, o que preocupava as autoridades de Cananéia que para ali deslocavam policiais.

Maiores aglomerações de pessoas ocorriam quando da realização de torneios de futebol, nas festividades religiosas em homenagem ao padroeiro em 19 de março, na festa do Divino Espírito Santo. Mas sem dúvida que o evento mais concorrido era o entrudo (carnaval), de onde vinham muitos moradores dos vilarejos que gravitavam Ararapira. Chegou ao ponto de o prefeito de Cananéia, Sr. Joaquim José de Oliveira, em 20 de abril de 1826, sugerir a construção de um quartel onde permaneceriam três soldados.

O Carnaval era precedido por eleição do Rei Momo e sua corte. Durante os quatro dias, os foliões se apresentavam em blocos ou "cordões", sempre fantasiados e usando máscaras.

Sempre houve cadeia pública, com um relevante papel social, pois as pessoas que nela foram colocadas somente ficaram por uma noite, o suficiente para curtir o excesso etílico, ao mesmo tempo que a sua euforia não perturbaria as demais pessoas que se divertiam.

Quem determinava a retirada do inoportuno do seio da sociedade era sempre o subdelegado, que dependendo do porte físico do arruaceiro, convocava dois ou três homens mais parrudos para auxiliá-lo nessa tarefa. Houve momento em que quem mandava era uma subdelegada, razão suficiente para convocar os auxiliares.

Poucas vezes a cadeia foi utilizada para o fim a que se presta. Em dois momentos específicos quando o subdelegado soube que presos de outras cidades do Paraná haviam se evadidos de presídios e se encontravam nas ilhas, com grande possibilidade de chegarem em Ararapira, convocou a população para que por prevenção fossem a caça dos foragidos. Assim se procedeu, sendo trazidos presos os meliantes e deixados na cadeia pública até que a Delegacia de Guaraqueçaba, que fora comunicada do fato, veio resgatá-los.

O comportamento dos moradores de Ararapira era marcado pela simpatia, hospitalidade, solidariedade, cordialidade e bom humor. A exemplo disso, na vila não havia restaurante, hotel, pousada ou similar, todavia, qualquer indivíduo que ali aportasse tinha acolhida para pernoite e alimentação, sem que para isso necessitasse desembolsar qualquer quantia.

Outro exemplo é quanto ao meio de transporte, que sempre era feito por canoas a vela ou remo. Se o visitante ao chegar, por alguma razão não ancorou ou amarrou a sua embarcação corretamente, e que certamente sofreria com a preamar e a baixa-mar, o primeiro morador que percebesse tal deslize, por solidariedade logo supriria aquele lapso, fazendo a amarração da maneira correta.

A vila era urbanizada como qualquer cidade, porém a metragem dos seus lotes diferia das cidades, pois enquanto na maioria delas o padrão é de 10m x 30m, nesta média 12m x 30m. Outro particular era que havia uma segunda vila, esta do outro lado do Rio do Santo, e se podemos considerar assim, era uma vila agrícola, cujos lotes tinham uma testada às margens do rio medindo aproximadamente 100 metros pelo tanto de fundo que seu proprietário desejasse. Isso permitia que aquelas famílias desenvolvessem atividades ligadas ao campo. Plantavam-se diversas árvores frutíferas como: abacateiro, cajueiro, cafezal, mamoeiro, laranjeiras, amoreiras, jambeiro, pitangueiras, goiabeiras, limoeiros, abricoteiros, lima-cheirosa, cidra, nêspera, laranja-azeda, muito procurada para o preparo de doces, lima da Pérsia, árvores da família do conde, como ata, o próprio conde, condessa, além de abacaxis, melancias, melão, banana-ouro, banana-prata, banana-maçã, banana-prata, banana-São-Tomé, da terra, banana-caturra (nanica). Também produziam aipim, amendoim, araruta, gergelim, mandioca, guaná, diversas espécies de batata-doce, batata-inglesa, cará-do--santo, cará-de-espinho, cará-ovo, cará-guaçu, cará-pipá, diversas canas-de-açúcar com as quais se produziam garapas que eram vendidas e consumidas nos finais de semanas na Vila onde predominava o comércio. Vários desses sitiantes utilizavam suas áreas para criação de diversas aves como peru, galinha, pato, marreco. Os ovos eram comercializados na vila principal, bem como em certa época abastecia a cozinha dos barcos da Companhia Paulista de Navegação que por ali passavam semanalmente.

Esses pequenos sitiantes não dependiam do comércio local para se abastecerem de produtos como farinha de mandioca, arroz, feijão, café, pois todos tinham seus estoques de grãos que ao longo no ano iam beneficiando e consumindo. É nostálgico e ao mesmo tempo prazeroso lembrar que, ao passar em frente a uma daquelas propriedades, no momento em que se processava o café, principalmente no ato da torra feita em torradores de barro, exalava aquele aroma inconfundível.

Quanto à propriedade, aqui fica registrado uma grande curiosidade, pois ninguém possuía título que comprovasse o seu domínio. Todavia, qualquer morador daquele local poderia se apossar de um lote para moradia ou até mesmo uma grande área para plantio, sem que para isso tivesse que dar satisfação para alguém. Bastava que essa inserção em uma área não viesse a conflitar com outro morador ali instalado.

Se o cidadão escolheu uma área para estabelecer sua moradia, ali permaneceu o tempo que bem entendeu, porém se a sua vontade de morar ali cessou, era bastante abandonar aquela área e escolher outra do seu gosto sem efetuar qualquer consulta.

Pode-se perguntar: por que esse comportamento? Não havia ambição? Vontade de acumular bens?

A explicação é que aquele povo que desde a ocupação daquele local viveu em harmonia, sendo solidários entre si e com os seus visitantes, teve em 12 de agosto de 1767 uma razão ainda maior para assim se comportar.

Um casal detentor de grandes áreas de terras, inclusive aquelas ocupadas pelo vilarejo de Ararapira, Sr. Joaquim Morato do Canto e sua mulher Rosa de Toledo Pizza, por escritura pública lavrada no Livro do Tombo de Cananéia em 12 de agosto de 1767, procederam como outorgantes doadores e São José de Ararapira como outorgado da área ocupada pela Vila de Ararapira além dos seus arredores conforme as divisas estabelecidas ali.

Aos 12 de agosto de 1767, nesta Villa de São João Batista de Cananéia, na paragem chamada Ararapira, onde se achou presente a Câmara da mesma Villa por ordem do Excelentíssimo Senhor Doutor Luiz Antonio de Souza Mourão e se achou o ajudante de suas ordens Affonso Botelho de Sampaio e Sousa, para o efeito de se determinar o lugar mais cômodo e melhor para se fundar uma nova povoação dos moradores que estão dispersos pelo território da Villa de Cananéia, e depois de lhes serem publicados pelo dito ajudante às ordens de Sua Excelência para fim de se fundar a dita povoação, chegaram ao sítio melhor para neste fundar.

Atendendo às ordens de Vossa Excelência, assentaram a Câmara e maior parte dos moradores que haviam de povoar a dita povoação qual fosse em Ararapira, no sítio que possuem Joaquim Morato do Canto, e achando-se ele presente, disse que de muito boa vontade oferecia para a nova povoação 200 braças de terras que se conta da barranceira da barra do Rio Indaiaí, corrente para parte do sul até uma árvore chamada "figueira" que está ao norte do sítio do dito Joaquim Morato do Canto, e a quadra do mar, correndo pela dita árvore figueira até o Rio Indaiaí, cujas terras davam para a dita povoação, sem alguma pensão ou foro, livre conforme as possuía, sem por elas querer preço algum por ser para serviço de Sua Majestade fidelíssima que Deus guarde em quem espera prêmio que o mesmo Senhor for servido.

O que tudo assistiram a Câmara e o ajudante das ordens Affonso Botelho de Sampaio e Sousa, e na presença de todos os moradores e diante de Joaquim Morato do Canto, declarando não terem os ditos povoadores jus de poderem lavrar nas terras que lhe ficam a ele doador, mas sim na que ele doador oferece voluntariamente, plantarão e farão tudo que bem lhes parecer, cuja doação faz com o consentimento de sua mulher Dona Rosa de Toledo Pizza, o que tudo foi visto e assistido pela dita Câmara e ajudante das ordens e das pessoas que se achavam presentes e assinaram.

Eu, Agostinho Correa Monteiro, escrivão, o escrevi, Affonso Botelho de Sampaio e Sousa, Inácio Rodrigues da Silva, Faustino Martins da Silva, Antonio do Amaral Vasconcellos, Joaquim Morato do Canto, Antonio dos Ouros Homem, Caetano Gago da Câmara, José Joaquim Mariano da Silva Cesar, Pedro Martins.

Os moradores tinham consciência que aquelas terras não lhes pertenciam e por consequência não poderiam negociá-las. Porém, sabiam do direito que possuíam de nelas morar e plantar livremente, pois o único que poderia reivindicá-la era São José, e este certamente não o faria.

Um fato novo ocorreu para mudar e frear o desenvolvimento daquele lugar. O Decreto Federal assinado pelo Presidente Epitácio Pessoa em 15 de junho de 1920 alterou as divisas dos estados de São Paulo e do Paraná. A partir dele as divisas de estado passaram a ser determinadas pela largura média dos mares e canais entre os dois estados. Com isso, Ararapira passou a pertencer ao estado do Paraná. Foi uma perda considerável no que diz respeito à educação escolar, visto que os professores normalistas que ministravam aulas em Ararapira eram nomeados por Cananéia no estado de São Paulo e não puderam mais prestar os seus serviços ali.

Para piorar a situação, o porto de Ararapira foi boicotado para atracação dos vapores procedentes do Sudeste e que até ali chegavam com os produtos indispensáveis ao povo local e de seus arredores, bem como transportavam a produção local para outros municípios.

Foi um período de decadência principalmente para os comerciantes que dependiam do transporte efetuado pelos vapores.

Os moradores de Ararapira, para se deslocarem para Cananéia, Iguape ou outro município, eram obrigados a embarcar e desembarcar em Ariri, pois ali passou a ser o novo porto do estado de São Paulo pelo litoral sul.

Essa situação perdurou até a abertura do Canal do Varadouro, construído pelos dois estados em 1954, quando a população, que já vinha tendo melhor assistência por parte do estado do Paraná, teve também a liberação do seu porto para atracação dos barcos da Companhia Paulista de Navegação, que fazia agora a ligação entre todo o estuário, isto é, de Iguape a Paranaguá.

Novos produtos passaram a ser transportados, como ostras, palmito, dormentes de caixeta empregados na construção de estradas de ferro e, posteriormente, tabletes de caixeta para fabricação de lápis. Por alguns anos, foi transportada banana produzida no Vale do Ribeira. Um rebocador atrelado a uma ou duas chatas traziam esse produto, cujo destino final era o porto de Paranaguá, onde era procedido o transbordo para navios com destino aos nossos vizinhos Uruguai e Argentina.

Foi nesse período que Ararapira teve o seu melhor momento, quando foi instalada luz elétrica na vila, sendo o único povoado naquele espaço territorial a possuir tal bem. Já possuía Cartório de Registro Civil, teve instalado Posto de Saúde, Seção Eleitoral, cujo contingente chegava a 200 eleitores. Foi ali instalado um Posto Fiscal da Receita Estadual do Paraná.

Todavia, essas melhorias não trouxeram o bem maior que seus moradores sonhavam para os seus filhos e netos: a educação. Manteve--se apenas o ensino fundamental, enquanto que se esperava muito mais. Foi então que aqueles pais, conscientes que somente a educação pode propiciar o crescimento do ser humano, iniciaram o encaminhamento dos seus filhos para maiores centros onde pudessem se desenvolver e obterem maiores conquistas. Diante disso, muitos desses moradores seguiram os passos dos seus filhos, juntando-se a eles, deixando em Ararapira seus imóveis à sorte das intempéries, que não os pouparam.

Ainda bem que as iniciativas daqueles pais foram acertadas, pois são muitos os exemplos de sucessos daqueles filhos de Ararapira que se formaram como professores, economista, jornalista, advogado, arquiteto, empresários. Duas dessas pessoas vieram a ser por diversos mandatos prefeitos de Guaraqueçaba, bem como outras duas pessoas exerceram ali seus mandatos de vereadores. Um desses prefeitos nascidos em Ararapira, Sr. Celso Roberto Xavier, ousou ligar por estrada Guaraqueçaba à sua vila de nascimento. Isto aconteceu quando do seu primeiro mandato de 1948 a 1951, cujo projeto previa cruzar o istmo do Varadouro. Porém, não foi concluída a construção daquela estrada chamada Redenção, que teve início em Guaraqueçaba, utilizando-se mão de obra local, muita força física e instrumentos os mais rudimentares, como foices, facões, enxadas, pás, cortadeiras, espeques, cordas e machados. Nos quatro anos de sua gestão, foi possível avançar apenas 10 km, sendo paralisadas as obras ao atingir a Vila de Puruquara.

O Senhor Celso Roberto Xavier veio a ocupar o cargo de Prefeito Municipal de Guaraqueçaba entre os anos de 1956 e 1959, porém desta vez não deu continuidade à Estrada da Redenção. Acredito que a sua inércia se tenha dado em função do rompimento do istmo do Varadouro, abrindo-se ali um canal que demandaria uma grande alteração no projeto original, incluindo a construção de uma ponte, o que certamente encareceria muito sua construção.

São tantos os exemplos de sucessos de filhos de Ararapira, mas o que mais enche de orgulho é saber que um filho ilustre daquele local, **Fernando Silveira da Cunha "Fernandinho Belchior"**, partiu aos 13 anos de idade com o objetivo de estudar para padre, descobrindo mais tarde que não era a sua vocação verdadeira. Enveredou na arte cênica, tanto no teatro, cinema e publicidade, nas quais pôde desenvolver as suas melhores qualidades. Foi em Curitiba que conheceu ainda menor de idade o Teatro Guaíra, e que se tornou o seu cantinho predileto, tendo sido diretor daquela casa de cultura até a sua aposentadoria.

As pessoas que dali saíram deixaram suas residências que a erosão implacável se incumbiu de destruí-las. Erosão essa provocada basicamente pelo vento leste, que marca presença diariamente, removendo a areia da encosta do barranco e arremessando sobre a parte superior, deixando sem sustentação aquilo que lá está edificado.

Essa erosão vem sendo sentida desde a década de 1920, quando a vila atingia as proximidades da ilha que se formou em frente. Naquela época, o primeiro ponto a ser erodido foi o cafezal de uma senhora, localizado no extremo da vila à beira do mar pelo lado esquerdo. Ao cair, provocou tal estrondo que assustou os moradores, e virou pândega. Ao se ouvir ruído em lugar incerto e não sabido, "algures" dizia-se "caiu o cafezal da velha".

Outro fator provocador da erosão são os barcos com grandes propulsões que ao passarem em altas velocidades principalmente nas marés de sizígia também removem grande parte do solo.

O êxodo maior se deu na década de 1970, quando então a maioria das pessoas partiu em busca de dias mais auspiciosos, ficando literalmente em abandono aquele local, cuja vegetação cresceu tornando quase impossível adentrar naquele espaço.

Assim como as residências ali abandonadas, muito mais ficaram ao sabor dos ventos e marés os prédios públicos como a Seção Eleitoral e o Posto da Receita Estadual do Estado do Paraná, além do clube, padarias, bares, salão de cabeleireiro e outras casas de comércio. O Cartório de Registro Civil foi removido por prevenção para um lugar mais seguro na mesma vila, porém mais tarde optou-se por transferi-lo em definitivo para Antonina, visto que a sua presença ali não fazia mais sentido. Torna-se impossível convencer um visitante que desconhece estes fatos, que dentro do mar a cerca de 250 metros a partir da Igreja esteja uma história submersa.

Somente na década de 1990 é que alguns moradores decidiram por voltar a cuidar para que aquilo que ainda está em pé permaneça assim. Dessa forma, podem-se preservar a memória afetiva, a história, a religiosidade e as tradições do local. Foram atitudes inicialmente isoladas, mas que com o passar do tempo vêm ganhando força. Com a participação e colaboração dos antigos moradores que vêm mantendo a Igreja, o pátio, trilhas e o cemitério em condições de uso, a Vila dá sinal de vida. Mas o empenho daqueles moradores saudosos, que com coragem e recursos próprios tentam conter a erosão, enfraquece ao sentirem-se pequeninos diante da natureza implacável que insiste em levar aquele patrimônio, e que o estado e o município a que ele pertence ficam na inércia, parecendo não haver qualquer interesse em preservá-lo, mesmo tendo o conhecimento que ali teve início a colonização do estado do Paraná.

Outro patrimônio a ser citado é a tão falada trilha "Caminho Grande", com seus 11 quilômetros de extensão por aproximadamente 5 metros de largura, sombreado, nos moldes de alguns trechos do Peabiru, encontrados em outras regiões do Brasil. Nesse ponto, os primeiros moradores europeus a ocuparem essa região nos primeiros anos do século XVI muito a utilizaram, pois que era parte da ligação com as demais ilhas mais ao sul e mais tarde o elo ligando Ararapira com a Vila da Barra de Ararapira. Foi por muito tempo a principal ligação entre elas, tanto em relação ao abastecimento dos moradores da Barra de Ararapira que diariamente faziam aquele percurso, bem como para frequentarem os cultos e missas que se realizavam em Ararapira ou para o sepultamento daqueles moradores que lá faleciam. Fica a pergunta: por que não a conservar? Na visão de um ambientalista, "aquilo tem que virar mato", e virou. Quando do ponto de vista de alguém que tem interesse pela história, preservar os costumes, as tradições, a cultura, a religiosidade ouvir essa expressão dói nos tímpanos. Deixar de preservar aquela trilha pré-cabralina foi um descaso e desperdício do patrimônio histórico e cultural. Comparando, não seria lamentável se o Quilombo de Zumbi dos Palmares em Alagoas tivesse sido abandonado? Se os sítios das Missões no Rio Grande do Sul não fossem preservados? São fragmentos da nossa história que mantendo um aqui outro acolá vem compor o conjunto da importante e grande história deste gigante país.

A Igreja de São José, padroeiro de Ararapira, tem recebido os reparos necessários, como troca de telhado, substituição dos vidros das janelas, instalações elétricas, patrocinados pelos seus moradores, ex-moradores e simpatizantes.

As festas em homenagem a São José ocorrem todos os anos, com exceção dos anos de pandemia. A frequência cada vez maior nas festividades por parte de ex-moradores com seus filhos e netos, amigos convidados, simpatizantes, visitantes, nos traz bons presságios que esse povoado de tão longeva idade, de tantas tradições, religiosidade, cultura, será mantido preservado, pois foi ali que teve início a colonização do estado do Paraná, integrando a história do Brasil.

Capítulo XVII

AULA NA TRILHA "CAMINHO GRANDE"

Até 1920, as aulas na escola de Ararapira eram ministradas por professores normalistas provenientes de Cananéia.

Os dois professores da escola de Ararapira comunicavam seus alunos que em determinado dia fariam com suas turmas um passeio pela Trilha "Caminho Grande", num percurso de aproximadamente dois quilômetros. Com antecedência preparavam bastões de madeira, um para cada aluno. No dia aprazado em manhã ensolarada, partiam no horário do início das aulas. Caminhavam como se escoteiros fossem, entoando as canções do conhecimento de todos.

A cerca de um quilômetro da Vila havia um sítio onde a parada era obrigatória. Tratava-se da "Tapera do Padre". O espaço ficava à beira de um rio denominado "Rio do Padre" com amplo espaço, coberto com uma camada de conchas de mariscos diversos e a estrutura do alicerce de uma casa. Nesse momento, uma enxurrada de questionamentos caía sobre os professores: qual é o nome do padre que ali morou? Quando ele viveu ali? Por que morava tão longe da Vila? Poucas eram as respostas, apenas conjecturas. O pouco que se podia afirmar era pelas evidências dos vestígios, pois aquelas conchas denotavam que moluscos faziam parte do seu cardápio diário para sua sobrevivência. Na época em que se praticavam essas caminhadas todos os moradores de Ararapira tinham conhecimento dessa tapera, porém nem os mais idosos sabiam que em 1553 ali residiu o padre Leonardo Nunes.

Durante todo o percurso do passeio, a curiosidade infantil brotava aos borbotões, pois eram inúmeras as orquídeas e bromélias de formatos e cores diferentes, árvores com características peculiares. Cabia aos professores apresentarem as suas nomenclaturas, em que época é a sua florada e de que cor são as suas pétalas, qual é a utilidade do seu tronco lenhoso, se o seu fruto é comestível ou não, se sua casca tem algum emprego como medicamento ou se com ela pode-se confeccionar algum utensílio doméstico ou para a lida na pesca.

Se um lagarto fosse visto, muitas perguntas seriam formuladas: do que ele se alimenta? Por que não aparece durante o ano todo? Os professores explicariam que boa parte do outono, o inverno inteiro e parte da primavera ele se interna em sua toca, aguardando a temperatura se elevar para então sair em busca de alimentos tais como insetos, frutas, cobras e pequenos animais e preferencialmente ovos de pássaros e se possível os seus filhotes, se estiverem ao seu alcance.

Certo arbusto quando encontrado frutificado e maduro apresentando coloração preta era colhido para ser macerado e depois coado transformando-se em tinta que abasteceriam os tinteiros em sala de aula, tratava-se da caparosa.

Na presença de cipós diversos, eram dadas explicações das utilidades de cada espécie, desde a preparação de uma rede de descanso, bem como confecções de cestos, cordas, balaios, viveiros para iscas etc.

Quando se deparavam com um cipó-caboclo, a explicação os deixava pasmos, pois acrescentariam aos seus conhecimentos que, ao cortá-lo, o líquido que dele é expelido trata-se de ótimo colírio.

Ao ouvirem o canto de um pássaro, logo os professores o identificavam. Se fosse visível, pela plumagem também lhes era revelado seu nome.

Da mesma forma, diante de uma profusão de borboletas de diversas cores e formas, os alunos ficavam encantados.

Dessa maneira lúdica e prazerosa, as aulas de biologia e botânica eram espontaneamente ministradas e bem absorvidas pelos alunos.

Essa aula dada durante a caminhada era por todos os alunos melhor aceita do que aquelas em sala.

A animação da garotada contagiava os moradores às margens da trilha, os quais vinham recebê-los oferecendo-lhes guloseimas, bem como frutas sazonais tais como limas, laranjas, mexericas, se outono, ou melancias, goiabas, araçás e abacaxis se verão.

Ao chegarem no "Caminho da Escola", era o momento de retornar.

Essa escola é um enigma. Na época em que se praticava essa caminhada, os moradores de Ararapira tinham conhecimento do local em que existia o alicerce dessa construção que atribuíam ser de uma escola, porém nem os mais idosos tinham condições de informarem em que momento da história ali funcionou tal estabelecimento de ensino. Perguntava-se, por que uma escola tão distante da Vila? O que se pode conjeturar é que no início do povoamento de Cananéia e de Ararapira, piratas apareciam de todos os lados, e para manter em segurança as crianças ali tenha se estabelecido a escola.

Agora era chegado o momento do retorno à Vila, todos felizes, repletos de informações e já aguardando um novo evento daquela natureza.

Capítulo XVIII

CANANÉIA (MATA ESPESSA E ISOLADA)

A Ilha de Cananéia tem à sua frente a Ilha Comprida por toda extensão leste; na parte nordeste e norte, a Montanha do Cristo Redentor em Iguape; a noroeste, as Serras de Itapitangui e de Mandira; a sudoeste, as Serras do Rio das Minas, a de Santa Maria e a Serra do Gigante Adormecido; e, finalmente, ao e sul e sueste, fechando o círculo, a Ilha do Cardoso, com seus picos que se aproximam dos 900 metros de altitude. Se por algum meio observarmos a Ilha de Cananéia do alto, perceberemos que se encontra inserida em um imenso lago azul. Trata-se de uma ilha totalmente plana, exceto uma pequena extensão no extremo sul onde se eleva o Morro de São João, com seus 137 metros de altitude, com sua mata fechada que a primeira vista parece ser impenetrável devido a ser tão espessa.

Berço da colonização do Brasil, que teve o seu início em 1502, como se pôde comprovar por meio de livros, inscrição na base do monumento aos descobrimentos em Lisboa-Portugal e das marcas deixadas em Cananéia.

Caminhando pelo centro histórico dessa cidade, é como estar em um museu a céu aberto. Na Praça Martim Afonso de Souza estão dois dos canhões que compunham o Forte do Bicho no lugar denominado Trincheira. Neles estão gravadas informações que remetem à sua origem: Reino Unido. Algumas das construções foram deixadas de propósito com uma parede ou parte dela sem reboco, para que se possa observar a forma e quais materiais nelas foram empregados em sua execução.

A Igreja de São João Batista é outro tesouro arquitetônico colonial ali na Praça Martim Afonso de Souza, que ao analisarmos veremos que, além da casa de Deus, serviria como abrigo e defesa em caso de um possível ataque. Suas paredes têm aproximadamente um metro de espessura, com fendas de onde tranquilamente uma pessoa poderia disparar seu bacamarte contra malfeitores. Seus botaréus de grande espessura dão proteção a toda a construção.

Suas grossas paredes de cal e pedra fazem a nossa imaginação viajar no tempo, e, se fecharmos os olhos, veremos fortes negros suados a carregar pedras em padiolas, enquanto outros preparando a massa composta de cal extraído da queima de conchas dos sambaquis e óleo de baleia obtido na armação de baleias da Ilha do Bom Abrigo. Veremos aquelas paredes ganhando forma, com os encaixes precisos daquelas pedras.

Em um olhar atento para as fachadas das casas, elas irão nos revelar se o seu proprietário era uma pessoa pobre ou abastada, simples ou ilustre, pois as franjas nos beirais, de no máximo três, revelam essas qualificações.

Outra característica nas construções são as vidraças de algumas janelas, colocadas do lado externo, fazendo-nos acreditar que o proprietário daquele imóvel foi pessoa abastada, pois o vidro era importado da Europa, e somente poucos podiam adquiri-lo.

Quando Pedro Álvares Cabral chegou à Bahia em 1500, sua esquadra era composta de 12 embarcações, sendo uma delas a Nau *Esperança*, comandada por Gaspar de Lemos, usada para o transporte dos alimentos.

Dias antes de a partida de Pedro Álvares Cabral atingir seu objetivo, que era Calicute, nas Índias, o carregamento da Nau *Esperança* foi distribuído pelas outras 11 embarcações, pois ela tinha outro destino, levar a carta de Pero Vaz de Caminha ao Rei D. Manoel em Portugal.

Gaspar de Lemos partiu da Bahia para Portugal em maio de 1500, e lá permaneceu por pouco tempo, pois em 10 de maio de 1501 retornou ao Brasil, desta vez descendo a costa onde denominou alguns acidentes geográficos, vindo aportar em Cananéia, onde permaneceu até 7 de setembro de 1502. Antes de partir instalou o padrão, em um promontório da Ilha de Itacoatiara, atual Ilha do Cardoso. Deixou também dois degredados: Francisco Chaves e Cosme Fernandes, o "Bacharel".

Em 1503, Portugal envia ao Brasil a última das expedições exploradoras, comandada por Gonçalo Coelho. Esta, além de explorar a costa, tinha por objetivo mapeá-la. Incumbido dessa façanha veio o cartógrafo Américo Vespúcio, que iniciou seus trabalhos pelo Nordeste, enquanto Gonçalo Coelho permaneceu em Cananéia.

Passaram pela região mais duas expedições, porém estas com finalidades militares, isto é, expulsar os possíveis invasores da nova terra. Ambas foram comandadas por Cristóvão Jaques sem sucesso, devido à grande extensão territorial, a primeira em 1516 e a segunda em 1526.

Teve início a colonização da nova terra em 1502. Primeiramente, Cosme Fernandes e Francisco Chaves ocuparam o local conhecido por Boa Vista, no lado interno da Ilha Branca, atual Ilha Comprida. Não havia visão desse local para quem adentrava a Barra de Cananéia, tornando-o seguro. Com a existência de sambaquis nas proximidades, os seus habitantes utilizaram-nos obtendo a cal usada na edificação das casas, e assim foi nascendo um povoado que ganhou a denominação de Marataiama.

Com o passar dos anos e o melhor conhecimento da região, os dois degredados, já familiarizados com os nativos, tomaram conhecimento da existência de água potável procedente de nascentes do único morro da ilha em frente. Passaram a explorar o local constatando que seria ideal para se transferir o primeiro povoado.

Assim se fez, às margens do Rio Candairó, foram construídas as primeiras casas, nas proximidades do chafariz que ali foi instalado, canalizando-se água do Morro de São João. Não se tratava de abastecimento direto para as residências, mas sim um local de onde os moradores poderiam com seus potes, ancorotes, ânforas, bilhas, cântaros, abastecer suas casas com água potável.

Sendo o único ponto elevado e isolado daquela ilha, com vegetação espessa, o novo povoado como o primeiro ganhou denominação em tupi, Cananéia, que bem expressa essas características.

Nas primeiras construções, empregaram-se cal obtida de sambaquis, óleo de baleia e pedras, o que se pode notar nas grossas paredes de diversos edifícios, incluindo a Igreja de São João Batista, com seus botaréus e seteiras. Tratando-se da Igreja de São João, pode-se crer que se trata de técnica de construção empregada quando da primeira reforma executada, pois na construção original deve ter sido usada a taipa.

Quando da chegada do noviço José de Anchieta ao Brasil em 1553, o Padre Leonardo Nunes que já conhecia a região, pois em 1550 havia construído a Capela da Conceição de Nossa Senhora em Peruíbe, "Forte de Abarebebé" veio a Cananéia em sua companhia dando início à construção da Igreja de São João Batista. A conclusão da obra se deu em 1557, três anos após a morte do Padre Leonardo Nunes, no naufrágio que o vitimou no dia 30 de junho de 1554. Essa tragédia ocorreu quando em viagem a Portugal, onde daria satisfação das obras materiais ao Rei D. João III e espirituais a D. Inácio de Loyola.

Talvez aí esteja explicado o estilo de construção da Igreja de São João Batista de Cananéia tratar-se de um **forte**, pois a primeira obra do Padre Leonardo Nunes em Peruíbe também o era.

O Porto do Bacharel reflete bem essa assertiva de que as construções eram a base de pedra e cal, pois localizado em uma viela, e em ambos os lados dela, as paredes das casas não possuem reboco, podendo-se ver os materiais com os quais foram construídos (pedra, cal e óleo de baleia).

Outro edifício importante na cidade por abrigar o Museu Municipal de Cananéia também revela essa prática em construção, pois suas paredes são visivelmente feitas de pedra e argamassa de cal e um componente que os aglutina, possivelmente o óleo de baleia. O próprio museu expõe um dos tachos retirados da Ilha do Bom Abrigo, onde por muito tempo foi armação de baleia. O óleo ali obtido não era somente empregado na construção civil, mas também na iluminação pública.

A cidade era iluminada no passado por lampiões abastecidos com óleo de baleia, cuja combustão provocava grande fumaça negra. Na Rua Tristão Lobo com sua iluminação de lampiões alinhados, observada das suas extremidades e pela distância, tinha-se a impressão de estar em chamas, daí o apelido "**Rua do fogo**".

Se olharmos atentamente para as residências do centro histórico de Cananéia, perceberemos que estamos diante de construções seculares, cujas fachadas demonstram o perfil dos seus proprietários.

Diferente dos dias atuais, em que se constrói um imóvel e na sequência um muro que o encobre tirando a visão, no passado procedia-se de forma contrária. Nas fachadas, os vidros das janelas ficavam na parte externa e a madeira interna, justamente para demonstrar seu poder econômico e status, pois no Brasil, como dito, não se produzia esse vidro, que obrigatoriamente era importado da Europa.

Nas beiras ou beirais das casas, as franjas que variavam de uma a no máximo três, demonstravam o prestígio social, político ou poder econômico do seu proprietário. **Beiral** ou **beira** é a extensão do telhado das casas que ultrapassa a parede externa, dando-lhe proteção da chuva, principalmente as das fachadas, não importando se não possui franja ou se possui uma, duas ou três.

Essas fachadas significativas podem trazer uma luz para expressão "sem eira nem beira". **Eira** é uma área de terreno plana, de solo batido ou calçado com pedras, destinada à secagem de grãos tais como arroz, milho, café, feijão, cacau, castanhas etc. A denominação de eira poderá variar dependendo da região do Brasil, exemplo em Minas Gerais chama-se terreiro.

Foto VIII – Casario colonial em Cananéia com seus beirais significativos e vidraças expostas

Assim o povoado foi se desenvolvendo, sob a batuta de Cosme Fernandes e seu companheiro de degredo Francisco Chaves. Tomou conhecimento de todos os cantos desse estuário, estendendo seus domínios até São Vicente, onde está preservado o Porto das Naus ou Porto do Bacharel de Cananéia. Cosme Fernandes era dotado de grande tino comercial, negociando com todos que aqui aportavam: franceses, castelhanos e quantos mais aqui chegassem.

Enquanto Cosme Fernandes se preocupava com seus negócios e na ampliação dos seus domínios, **Francisco Chaves** se empenhou em conhecer a veracidade do boato que corria acerca da existência de um reino rico em ouro e prata, na Cordilheira dos Andes.

A comunicação entre os guaranis e os ocupantes do litoral deixava claro que se percorressem as trilhas secundárias poderia se chegar ao tronco do **Peabiru**, pelo qual se atingiria Potosi, montanha de ouro e prata onde habitava o rei poderoso.

Francisco Chaves pesquisou sobre expedições que partiram em busca desse objetivo, sendo uma delas aquela comandada por Juan Dias de Sólis, e que não obteve sucesso, e ainda teve seu comandante assassinado. Porém, um dos sobreviventes, Aleixo Garcia, investiu em uma nova empreitada rumo ao Peabiru, na qual Francisco Chaves embarcou. Subiram o Rio da Prata até atingirem os primeiros ramais do Peabiru e por eles chegaram ao tronco principal. Há uma parte obscura nessa caminhada, onde não se sabe quais foram os métodos empregados para se obter êxito. A verdade é que Francisco Chaves retornou a Cananéia com a missão cumprida, isto é, trazendo o seu quinhão em ouro e prata.

O abandono do Brasil por Portugal por 29 anos foi quebrado depois de tantas notícias chegadas à Europa de que essa nova terra estava sendo invadida, saqueada, contrabandeadas madeiras em especial o Ibirapitanga (madeira vermelha), muito utilizada em tecelagens para dele se obter a cor púrpura muito usada pelos nobres.

Eis que parte de Lisboa, no dia 3 de dezembro de 1530, a expedição comandada por Martin Afonso de Souza, acompanhado por seu irmão Pero Lopes de Souza, incumbido de relatar em diário os acontecimentos. Martin Afonso de Souza detinha amplos poderes civis e militares, podendo distribuir terras, implantar engenhos, iniciar a criação de gados, pois para aqui veio para colonizar e desenvolver a nova terra.

A viagem durou muito mais do que era habitual, tendo parado na Ilha da Madeira, onde houve combate e expulsão de Franceses. No

Nordeste do Brasil, novos confrontos com expulsão dos invasores, tendo sua chegada em Cananéia somente ocorrida em 12 de agosto de 1531.

Antes de aportar em Cananéia, enviou para terra Pero Anes, grande conhecedor da língua tupi, e aguardou por cinco dias o seu retorno. Quando Pero Anes voltou às naus, trouxe consigo dois homens brancos: Cosme Fernandes "Bacharel" e Francisco Chaves.

Martin Afonso de Souza certificado que poderia desembarcar em segurança e assim o fez, podendo constatar que naquele local havia uma vila composta de aproximadamente 200 pessoas mestiças, dois brancos e cerca de mil indígenas convivendo em harmonia.

Nessa estada do colonizador entra em cena Francisco Chaves. É sabido que desde a descoberta do Brasil muito empenho houve no sentido de que os nativos indicassem local onde se poderia obter ouro. Foi então que Martin Afonso de Souza recebeu por parte de Francisco Chaves a proposta de trazer-lhe ouro e prata, contanto que lhe fosse oferecido um grupo armado composto de 80 homens. Sua proposta foi convincente, pois foi apresentado a Martim Afonso de Souza ouro e prata, obtidos em uma expedição ao Peabiru da qual participou. Deu-lhe o prazo de dez meses para que no seu retorno 400 pessoas escravizadas transportassem aqueles minérios até Cananéia.

Proposta aceita por Martin Afonso de Souza, foi providenciado o contingente de 40 besteiros e 40 espingardeiros, chefiados por Pero Lobo Pinheiro e dela fazendo parte seu idealizador Francisco Chaves. A expedição partiu no dia 1º de setembro do ano de 1531, sem que se tenha qualquer vestígio efetivo do seu paradeiro.

Com a vinda de Martin Afonso de Souza e seu propósito de colonização, ocorreram desentendimentos óbvios entre **Cosme Fernandes** e o **"Bacharel"**, pois interesses conflitantes passaram a aparecer.

Com a criação da Capitania Hereditária de São Vicente, onde Cananéia estava inserida, Cosme Fernandes teria que se submeter às regras então impostas pelo seu administrador, bem como àquelas vindas de Portugal.

Não se curvando às determinações a ele impostas, passou a ser considerado um estorvo para a Capitania e para Portugal. Ainda assim, a sua presença foi notada até a **Guerra de Iguape** em 1536.

Sabendo que tropas portuguesas viriam ao seu encalço, entrincheirou-se com nativos aliados na Barra de Icapara em Iguape, guarnecendo-a com canhões obtidos da apreensão de um barco corsário francês no porto de Cananéia. Auxiliado por muitos flecheiros, pôde repelir o ataque, com muitas baixas para os portugueses. Não conformado, utilizando o barco corsário francês, dirigiu-se à Vila de São Vicente comandando o ataque que resultou no extermínio de quase a totalidade dos habitantes da vila. Provocou incêndios em diversas edificações, incluindo aquela onde estava guardado o "Livro do Tombo". A partir desse episódio, que ficou conhecido por "**Guerra de Iguape**", pouco se sabe de Cosme Fernandes, apenas que saiu vitorioso nesse confronto e não foi mais visto.

A presença de barcos piratas na costa de Cananéia foi uma constante, até porque nas proximidades da barra apenas a duas milhas se encontra a Ilha do Bom Abrigo. Essa ilha oferece excelente ancoragem livrando o navegador dos ventos sul, além de possuir ótimas nascentes de água potável. Aproveitando-se dessas particularidades, piratas ali permaneciam, muitas vezes planejando ataque a algum povoado da região.

Os moradores de Cananéia viviam aos sobressaltos, pois toda a costa brasileira era frequentada por piratas, e aqui não era diferente. Toda vez que uma vela aparecia no horizonte, a população de Cananéia ficava em alerta, pois bem poderia ser um navio de comércio a se aproximar, como poderia ser a pirataria a assustar.

O Rio Candairó, que serpenteia por traz do bairro Rocio e deságua nas proximidades do Ceagesp em Cananéia, teve sua importância na história. No início da colonização, o povoado era constantemente ameaçado por invasores. Essa preocupação com a segurança fazia com que os moradores abastados, ao saberem que embarcação suspeita se aproximava da costa, tomassem medidas para resguardas suas economias e joias. Para isso recolhiam suas economias, joias e demais objetos de valor e os introduziam em um barril que depois de lacrado e vedado era conduzido a um matagal além do Rocio, hoje bairro Candairó, onde havia um rio sinuoso com esse nome. Ali em uma das curvas ou poço, depositava-se no fundo aquele barril, o qual ficaria pelo tempo que durasse a permanência do barco suspeito, quando então seria resgatado. Tanto se procedeu dessa forma que o rio passou a ser chamado de **"Rio do barril"**.

O chafariz do qual a população se abasteceu por muito tempo ganhou como vizinha uma figueira que a seu lado foi crescendo sem que alguém a notasse. Cresceu ao mesmo tempo que a cidade também se expandia e obtinha outras formas de captação de água, preterindo o antigo chafariz. A figueira tornou-se uma bela e frondosa árvore, porém abraçou com suas raízes o chafariz de uma forma quase total, permitindo alguém de espírito curioso apenas enxergar algum ponto da alvenaria de sua construção. Hoje virou atração turística como a **"árvore do coração de pedra"**.

Cananéia viveu momentos de grande crescimento e riqueza, como também teve momentos marcados pela estagnação. Período de pujança verificou-se quando foram instalados diversos estaleiros, no ano de 1782 havia 16 em franca produção. Em um deles foi construído a Nau *Cananéia*, sendo o primeiro barco construído no Brasil a atravessar o Oceano Atlântico e aportar em Lisboa.

No dia 22 de janeiro de 1808, chega a Família Real ao Brasil, na Bahia, e em 28 daquele mês é declarada a abertura dos portos brasileiros. Cananéia teve novo impulso, pois com os portos liberados, podia-se negociar com diversos países.

Por estar localizado num estuário com abundância de espécies de peixes, moluscos e crustáceos, ganhou da pesca o posto de maior produtor do estado até os primeiros anos de 1900. Atualmente são encontradas em diversos restaurantes do Brasil uma referência positiva da ostra de Cananéia.

A barra de Cananéia até então não sofria com o assoreamento provocado pela erosão da Ilha Comprida, era estreita, porém com boa profundidade, permitindo a passagem de navios de grande porte. Oferecendo essas boas condições, motivou projetar-se um grande terminal portuário, o que alavancaria ainda mais o desenvolvimento de Cananéia, porém tal projeto não saiu do papel.

Há como imaginar-se Cananéia possuir três linhas aéreas? Não, mas na década de 1930 passou a existir o Campo de Aviação, que oferecia os serviços de postagem pelo **Correio Aéreo Nacional**, além das linhas regulares: **Real Transportes Aéreos**, **Aerovias Brasil** e da **Viação Aérea São Paulo**. Com a participação do Brasil na Segunda Guerra Mundial, as operações se intensificaram com a presença da Força Aérea Brasileira. Atualmente no local do aeroporto foi instalado o bairro Retiro das Caravelas. As avenidas Nina e Pinta, alusão a duas das caravelas da expedição de Cristóvão Colombo quando do descobrimento da América, estão sobre as pistas de pousos e decolagens.

Após a independência do Brasil, houve a preocupação com as barras, sendo necessário serem protegidas, para isso foram construídas diversas fortificações, incluindo a de Cananéia, cujo local era a Trincheira, no extremo sul da Ilha Comprida em frente à Ilha do Cardoso, onde foi instalado o **"Forte do Bicho"**, armado com seis canhões calibre doze.

Não se tem notícia se em algum momento foram utilizados. A erosão destruiu a fortificação, tendo caído ao mar os canhões, de onde puderam ser resgatados três, dois deles estão expostos na Praça Martin Afonso de Souza no centro de Cananéia.

Ainda para orientação dos navegadores, foram instalados diversos faróis pela costa brasileira. Aquele da Ilha do Bom Abrigo data de 20 de agosto de 1886, a mando de D. Pedro II.

Aquele **marco** ou "**padrão**" deixado por Gaspar de Lemos em 1502 sobre um grande bloco de pedra em um promontório na Ilha de Itaquatiara (pedras furadas e coloridas), atual Ilha do Cardoso, pela cruz esculpida no mármore mudou a denominação daquele sítio para Itacuruçá (pedra da cruz). Foi ali instalado para demarcar a posse de Portugal por aquele local, não deixando dúvidas ao navegador que por ali passasse que havia dono. Então o nome que lhe cabe é **marco da posse**.

Esse marco ou "padrão" era composto de uma peça principal em mármore onde se via esculpida a cruz dos Templários, e abaixo o brasão de Portugal. Em suas laterais dois blocos menores em granito o guarneciam, recebendo a denominação de tenentes.

Foto IX - Marco da Posse ou padrão no Itacuruçá – Ilha do Cardoso

Passados mais de 300 anos da sua instalação, não mais se encontrava o marco naquele local. Foi então que em 1880 o Instituto Histórico e Geográfico Nacional com sede no Rio de Janeiro enviou equipe à sua procura. Obtiveram sucesso parcial, visto que encontraram o marco em mármore e um dos tenentes. Houve ampla discussão entre a Câmara Municipal de Cananéia e o Instituto Histórico e Geográfico Nacional para se decidir onde deixá-los. Por fim, foram encaminhados em 19 de setembro de 1880 ao Museu Nacional do Rio de Janeiro, onde se encontram.

No ano de 1926, o Dr. Antonio Paulino de Almeida, então Promotor Público de Cananéia, efetuou nova busca no local, logrando êxito, pois encontrou o segundo granito incrustado por cracas e mexilhões, somente o reconhecendo pelas suas formas lapidadas. No dia 18 de junho daquele ano foi encaminhado ao Museu do Ipiranga em São Paulo. Alguns anos depois, fora instalado sobre o mesmo bloco de pedra uma réplica feita em concreto.

Quem visitar aquele sítio histórico terá a oportunidade de guardar na lembrança um local de rara beleza pelo colorido de suas pedras furadas e sulcadas, variando do azul, verde, amarelo, vermelho, cinza, que outrora lhe dera o nome Itaquatiara.

Não podemos, em hipótese alguma, confundir o marco existente em Cananéia com o marco do Tratado de Tordesilhas, cuja assinatura se deu em 7 de julho de 1494 entre Portugal e Espanha. Primeiro pela distância onde está localizado, quase na divisa do estado de Santa Catarina com o Rio Grande do Sul. Segundo pelas características específicas de cada um.

O marco localizado em Laguna/SC é composto de um pedestal onde se encontra o globo terrestre, encimado por uma barra de metal dividindo-o ao meio, para cada lado da barra existe um brasão de Portugal e outro da Espanha, indicativo das terras que lhes pertenceriam caso fossem descobertas.

Para comprovar a posição da barra metálica sobre o globo, há referência à Ilha de Marajó no Oceano Atlântico para onde está apontada a outra extremidade.

Foto X - Marco do Tratado de Tordesilhas em Laguna/SC

Com a criação do **Museu Municipal de Cananéia**, tornou-se mais fácil entender tantos anos de história. Estão ali diversas peças do século XVI, tais como um dos tachos utilizados na extração do óleo de baleia, na Ilha do Bom Abrigo.

Nele também se encontra o tubarão branco capturado nas proximidades da Barra de Cananéia, sendo considerado o segundo maior do mundo.

Mirante

O Morro de São João está localizado em um dos extremos da Ilha de Cananéia. Sua altitude máxima é de 137 metros. Antes da ocupação pelos europeus e seus descendentes, na visão dos nativos, tratava-se apenas de uma mata espessa e isolada do restante da ilha. Se navegarmos em seu entorno prestando atenção na sua vegetação, teremos a impressão de ser uma mata impenetrável, pois é muito espessa.

O topo desse morro foi por motivos óbvios e por muito tempo um local de observação do oceano, pois perigos rondavam o povoado. Atualmente, com a construção do mirante com seus 13 metros, a altura para observação aumentou para 150 metros, de onde se pode visualizar: Ilha do Bom Abrigo, Ilha Comprida, Baia de Trapandé, Mar do Cubatão, Barra de Cananéia, Ilha do Cardoso, Mar do Taquari, e o perímetro de toda Ilha de Cananéia. Como a Serra do Mar se encontra a poucos quilômetros emoldurando esse cenário, tem-se a sensação de que esta ilha está inserida num grande lago azul.

Cananéia, mesmo com toda essa longevidade, não se desenvolveu como as demais cidades do seu tempo. Teve momentos de sua história em que parecia que se expandiria, quando foram criados os estaleiros que forneciam embarcações para diversas finalidades, incluindo travessia oceânica como a Nau *Cananéia*, que chegou a Lisboa. Com a vinda da Família Real ao Brasil e a abertura dos portos a nações diversas, vieram novas esperanças, pois Cananéia possuía barra de boa profundidade podendo receber grandes embarcações. Cogitou-se inclusive em se estabelecer um terminal portuário, ligado ao interior do estado por uma rede ferroviária, viabilizando o escoamento dos produtos lá produzidos.

Porém, no século XX, devido à erosão do extremo sul da Ilha Comprida e consequentemente por suas rochas e terras serem carreadas para o fundo da barra formando diversos bancos de areia, a navegação para embarcações de grande calado ficou comprometida.

Restou investir em embarcações menores destinadas à pesca, o que deu um grande impulso, tornando Cananéia a principal produtora de pescado do sul do estado. Houve investimento na criação de ostra, com muito acerto, pois as condições do estuário propiciam o desenvolvimento desse molusco com excelente qualidade, transformando Cananéia referência desse produto no Brasil e no exterior. A pesca esportiva também passou a movimentar a cidade, visto que todo o estuário é abundante em peixes, assim como as Ilhas do Bom Abrigo, do Castilho e da Figueira se prestam para esse fim.

Em 1962 foi criado o Parque Estadual da Ilha do Cardoso, trazendo aos seus moradores dificuldades na permanência, pois suas atividades estavam totalmente ligadas à terra e ao mar. Regras foram impostas quanto a manutenções de imóveis residenciais, reformas ou ampliação, provocando o êxodo de muitos moradores tradicionais.

Cananéia passou a conviver sob leis ambientais a partir da década de 1980, fator inibidor de diversas atividades, principalmente industriais. Foi então que teve início a exploração da sua capacidade turística, de uma forma mais intensa. Visto tratar-se de importante cidade histórica, com muitas atrações naturais como cachoeiras, praias desertas, falésias, sambaquis, piscinas naturais. Suas baias, rios e enseadas abundantes em peixes propiciam aos amantes da pesca amadora, raros momentos de laser.

O turismo existia até a década de 1980 de forma incipiente, sem uma infraestrutura da qual o visitante pudesse desfrutar, principalmente naqueles momentos de maior procura como Réveillon e Carnaval. Nesses dois eventos, muitos turistas chegavam à cidade e por falta de acomodação se obrigavam a retornar.

Empresários investiram na construção de dezenas de hotéis e pousadas, diversos restaurantes, marinas, embarcações para pescarias e passeios.

O Parque Estadual da Ilha do Cardoso capacitou seus moradores tradicionais transformando-os em monitores ambientais, permitindo acesso aos pontos de maior atração. As casas de moradias puderam ser ampliadas transformando-se em pequenas pousadas. Seus quintais foram preparados para receber barracas, o que atrai os amantes do campismo.

Neste momento, pode-se dizer que a cidade vive uma nova fase de sonho, não por um crescimento vertiginoso, mas sim por desenvolver um turismo sustentável e de boa qualidade.

A população de Cananéia é de apenas 12 mil habitantes, mantendo aquele aspecto de cidade pacata, limpa, segura, acolhedora e silenciosa, na simplicidade de seus moradores, ideal para desfrutar em fins de semanas ou em férias. O silêncio para os apreciadores dessa dádiva divina somente é quebrado nas madrugadas quando os galos anunciam o novo dia, ou pelo matraquear dos papagaios de cara roxa em duplas retornando ao continente, após o pernoite no bairro Brocuanha, ocupando os guanandis abundantes ali.

De suas inúmeras praias, cachoeiras, ilhas, piscinas naturais, falésias, baias podem-se apreciar os golfinhos (boto cinza), em cardumes numerosos fazendo acrobacias. Para os amantes da vela, tem aqui o cenário ideal com o vento leste marcando presença invariavelmente após as nove horas de cada dia. Os praticantes de esportes a remo podem se aventurar de Cananéia a Ariri, Marujá, Enseada ou ao Pontal com muita segurança, desfrutando de uma paisagem magnífica, onde encontrarão patos selvagens, colhereiros, bandos de guarás vermelhos colorindo os manguezais. As montanhas da Ilha do Cardoso ganham manchas amarelo-ouro a partir de setembro quando estão floridos os ipês amarelos, e em outubro os morros se revestem de um amarelo esverdeado pelas flores dos guapuruvus, no mês de novembro a dezembro as guaricicas vêm novamente dar o tom amarelo, e em janeiro as cores roxas e brancas do jacatirão são as predominantes.

Para os apreciadores de boa mesa, têm na gastronomia local motivos de sobra para satisfazer seus paladares. Contanto que a procura recaia sobre aquilo que de melhor se serve: os frutos do mar, tão abundantes e de excelentes qualidades.

Esse estuário Deus o compôs com tanto esmero distribuindo inúmeros atributos positivos e que os nativos assim preservaram até a chegada dos europeus. Ainda nos privilegiaram com o ensinamento de como se deve conservar o ambiente que nos fornece todas as fontes e meios para desfrutarmos de uma vida saudável. Assim, o melhor que se tem a fazer é conhecer essa vasta extensão da mata atlântica e levar dela apenas as lembranças de momentos de encantos vividos aqui.

BIBLIOGRAFIA

Nestor Goulart dos Reis - Imagens de Vilas e Cidades do Brasil Colonial

Maria Beltrão e Luiz Galdino - Peabiru

Jaime Cortezão - Bacharel

Manoel Higino dos Santos - Cananéia a Cidade Esquecida

Geraldo Rezende Martins - Cananéia - História

João Capistrano de Abreu - Brasil História Povoamento

José Eduardo Freire Carvalho Pinto - Brasil História

José Gonçalves Salvador - Brasil História e Povoamento

José Eduardo Freire Carvalho Pinto - Dois Capítulos da História do Brasil

Pero Lopes de Souza - Diário de Navegação

Hans Staden - Duas Viagens ao Brasil

Antonio Paulino de Almeida - Memórias Históricas de Cananéia

Jean de Levy - Viagem a Terra do Brasil

Moisés Marcondes - Documentos Para a História do Paraná

Antonio Augusto de Leão - Memórias de Morretes

Renato Sêneca Fleury - Padre Anchieta

Roberto Fortes - História de Iguape

Joshua Slocum - Sozinho ao Redor do Mundo

Antonio Paulino de Almeida - Ariry - Histórico de sua Fundação

Carlos Malheiro Dias - Expedição de 1503

Orlando da Rocha Pinto - Cronologia da Construção do Brasil

Autor: José Zózimo Pereira Junior

Cananéia, 28 de dezembro de 2023